新史学的重建与开新

明夷

马勇 / 著

海南出版社

·海口·

图书在版编目（CIP）数据

明夷：新史学的重建与开新 / 马勇著 . —— 海口：
海南出版社，2022.11

（马勇史学九章）

ISBN 978-7-5730-0470-3

Ⅰ . ①明… Ⅱ . ①马… Ⅲ . ①史学 – 中国 – 文集
Ⅳ . ① K207-53

中国版本图书馆 CIP 数据核字 (2022) 第 181587 号

明夷——新史学的重建与开新

MINGYI—— XIN SHIXUE DE CHONGJIAN YU KAIXIN

作　　者：马　勇
策　　划：彭明哲
责任编辑：于晓静
责任印制：杨　程
印刷装订：北京兰星球彩色印刷有限公司
读者服务：唐雪飞
出版发行：海南出版社
总社地址：海口市金盘开发区建设三横路 2 号　　邮编：570216
北京地址：北京市朝阳区黄厂路 3 号院 7 号楼 101 室
电　　话：0898-66812392　　010-87336670
电子邮箱：hnbook@263.net
经　　销：全国新华书店经销
版　　次：2022 年 11 月第 1 版
印　　次：2022 年 11 月第 1 次印刷
开　　本：710 mm × 1 000 mm　1/16
印　　张：18
字　　数：207 千字
书　　号：ISBN 978-7-5730-0470-3
定　　价：78.00 元

序言
寻找新史学的传统

　　章太炎、梁启超等人开启的新史学运动至今一百多年了，中国史学面貌也确实发生了根本性改变。我们这一代史学工作者一方面享受新史学带给我们的启示，开辟新的学术路径、学术领域，另一方面实践新史学宗旨，丰富新史学的内涵。

　　在新史学发生之前，中国史学传统已经根深蒂固，花繁叶茂。自孔子以迄晚清两千多年，中国历史学不仅留下汗牛充栋的历史文献、历史著作，而且在史学表达方式上，几乎所有能想到的著述体例，都已经被发明出来了。历史学家想再发明一个什么新的方式，在 20 世纪开始那些年，是一件不可想象的事情。编年体、国别体、纪传体、纪事本末体、断代体、大事记、通志、图表、点评、史论……但凡能想到的体例无一不被发明。历史学家除了在旧的框架下博览群书，排比史料，探幽发微，似乎很难找到新的方式去改造旧史，编订新史。

不仅历史著述的形式如此，官方历史几千年所表达的内容也前后一贯，套用一句老话说，千篇一律皆为一家一姓之族谱，帝王将相，才子佳人。尽管也有食货志、天文志、律历志，乃至释老志、经籍志等，极大包容了社会生活的方方面面，但是正如后来许多新史学传承者所批评的那样，旧史学的最大问题是看不到民众，或者说人民的影子，对中国历史的描述从来就是大而化之，既没有极为细致的数量分析，也没有底层民众的生活。这是旧史学的最大缺陷。

还有一个值得注意的一个情形是，中国文明素来自誉为举世无双，中国历史学也素来有自己值得骄傲的成就，但是我们也注意到，不论是周边，还是15世纪之后的西方，他们看到了中国文明的优长之处，也从中国学到了不少东西，但是他们并没有学习中国的历史学，尤其没有学习中国历史学的著述体例，没有像我们这样始终如一地重视纪传体、编年体，重视帝王家谱、族谱。东西洋各国在近代实际上延续传承希腊罗马以来的历史学传统，注重分析，注重叙事，注重社会层面，而不是只注重英雄，使历史学沦为帝王家谱、族谱。

西方因素进入中国之后，中国的历史学渐渐地发生着变化。乾嘉诸老对历史学应用层面的开拓，鸦片战争时期的西北史地研究，如果仔细研索，内中多少都有外部影响在，尤其是林则徐的《四洲志》，魏源的《海国图志》，徐继畬的《瀛寰志略》，黄遵宪的《日本国志》等，明白地提示了外部史学开始影响中国，不论是从形式上，还是从内容上。

中国历史学真正发生"范式转移"还是甲午战争结束，《马关条约》签订之后的事情。如果没有政治上的转型，没有一个全新社会形态的出现，中国历史学当然也会缓慢地向东西洋各国靠拢，也会变化，只是甲午战争后中国政治面貌急剧变化，让文化的变化迅猛而剧烈。

甲午战争后，中国在很大程度上属于被迫接受外国人在各通商口岸的国民待遇，而这个国民待遇不是参照中国，而是参照东西洋已经近代化的各国。这些外国人在通商口岸像在东西洋各国一样自由生活，自由从事政治、经济、文化、教育活动。这个示范在最初阶段当然有风险，它究竟会在多大程度上影响甚至伤害中国体制，谁也没有办法预测，但是允许外国人在通商口岸活动毕竟写进了条约，中国也没有办法完全不遵守。

随着时间推移，通商口岸带给了中国示范意义，那时的"先富阶级"也争先恐后跑到通商口岸，用各种方式分享通商口岸自由贸易的便利。于是我们看到的事实是，先前几十年只变其"末"不变其"本"，只要其"用"不要其"体"的洋务自强运动渐渐转向，维新变法渐渐成为时代主题。持续两千多年的"四民社会"开始解体，一个全新的资产阶级开始出现，中国社会也开始向自由资本主义转轨。

近代中国的路径与西方、日本都很不一样。由于在甲午战前几十年，中国一直处在国家主义主导的发展顺境，缺少最起码的近代启蒙，思想的变化严重滞后。因为几十年的经济增长期，除了郭嵩焘、郑观应少数智者略具忧患意识、近代思想，整个社会充斥着盲目的自信、乐观，莫名其妙的狂妄。于是，甲午战后因为自由资本主义的发生，中国并不仅仅是调整和重构体制，也引进消化了一套完整的近代思想体系，也正是在这种情况下，我们看到甲午战后中国学术的整体性变动。严复引进宣扬的"进化

3

论"，不仅为中国人提供了"物竞天择，适者生存"的政治动力，而且提供了一种全新的世界观、历史观，中国历史学的重构、重建，正因为有了这样的社会政治、经济环境的重构，有了严复提供的新思想资源，才真正成为可能。

据此，我们去看章太炎、梁启超、陈黻宸、邓实、王国维等人，在19世纪晚期、20世纪初期关于中国历史学的思考，就比较容易理解新旧时代转换之际学术进步的可能、力度与局限。

新史学的出现为中国历史学开辟了一条全新的路，自章太炎、梁启超之后，中国历史学的面貌完全改观，旧的史学范式至《清史稿》完成而走向终结，中国历史学渐渐与东西洋各国历史学趋于一致，这在章太炎、梁启超、王国维、罗振玉、陈寅恪、陈垣、吕思勉、钱穆等人稍后的研究中，均有完美体现。

过去几十年读史，有意无意总要读这些大师的作品，机缘巧合，也顺手写了一点文字。文或用心收集，汇为一册，衷心感谢她的辛苦，感谢彭兄明哲总编辑的敦促、动议。

马勇，2020年3月17日，星期二

/目录/
CONTENTS

老辈史家的经验

老辈史家对近代中国历史叙事的调整 / 3

《訄书》与中国史学转型 / 45

《清代学术概论》说了什么？ / 53

蒋廷黻与中国近代史叙事 / 62

张荫麟与中国历史重建 / 71

吕思勉与中国通史研究与写作 / 80

范文澜与当代中国意识形态的构建 / 93

李约瑟与中国科学技术史 / 102

费正清与西方对中国的看法 / 110

唐德刚先生逝世十年祭 / 118

我的史学研究

六十年近现代中国人物研究　／131

"历史三调"——甲午战争百年研究史的简述与思考　／166

所谓新旧——重建"五四"历史叙事　／178

新文化史在中国——过去、现在与未来　／217

史学本质与史家责任　／229

学科渗透与历史学本质　／234

作为艺术的历史学　／244

大众历史写作的意义与方法　／249

互联网时代的历史研究与书写　／260

马勇书房，保持精神与文化的流动　／269

老辈史家的经验

老辈史家对近代中国历史叙事的调整

近代中国还不是一个久远的往事，关于近代中国的历史叙事却在过去一百年间有过几次剧烈调整。1949 年，中国政治发生天翻地覆的变化，意识形态也从原来的多元走向一元，"革命叙事"一统江湖，深刻影响了近代中国历史研究进程。1976 年，毛泽东去世，标志着一个时代的结束，一个新时代的开启。一方面，中国重启现代化，需要研究近代历史上的诸多问题；另一方面，这些新问题的探讨，促成了近代中国历史叙事的重构。本文侧重探究的，是那些参与革命叙事建构的老辈学者在新的历史条件下，是怎样逐步调整自己的认识，怎样参与新的历史叙事建构的。

一、重新认识历史

这里的"老辈史家"，大致指 20 世纪 20 年代或之前出生的学者，他们在"文革"前，甚至有的在 1949 年前，已在近代史研究领域颇有成绩。到了 20 世纪 80 年代，他们继续活跃于近代史学界，但他们对近代中国历史的认识，正出现某种程度的调整。

这批学者对近代中国历史的认识，在 1949 年前相对多元，即便他们接触过毛泽东、范文澜、胡绳等人提出并论证的"半殖民地半封建"叙事，也不是只用一种模式思考问题。但经 20 世纪 50 年代一系列"思想改造运动"洗礼，他们渐渐都仅用"半殖民地半封建"去表述近代中国历史。

然而，"史无前例"的"无产阶级文化大革命"上来就"革"了文化的"命"，近代史领域从一开始至"文革"结束几乎始终高烧不退，近代史上的许多问题都被搅乱了。毛泽东去世，抓捕"四人帮"，直至中共召开十一届三中全会，这是当代中国历史的巨大转折。在这个转折过程中，近代史学界渐渐意识到许多问题需要重新理解，需要"再思"，需要矫正过去那些"肤浅和错误"认识。[①]

"再思"，矫正，首先从毛泽东在生命最后的岁月倡导的"儒法斗争史"研究开始。

林彪事件发生后，"批林批孔"运动在 1974 年初迅速展开。

批林批孔运动的政治蕴涵还值得研究，其在历史研究领域也造成了极大危害。根据江青的解释，一部中国史就是儒法斗争的历史。近代中国历史的主线，也被稀里糊涂地曲解为儒家与法家的路线斗争。这当然都是很不恰当的，是对历史的曲解。因此等到毛泽东去世，等到江青等"四人帮"被抓捕，近代史学界最先掀起了揭批运动，就是对儒法斗争历史叙事的矫正，重新认识历

---

① 黎澍：《作者说明》，《再思集》卷首，北京：中国社会科学出版社，1985 年。

史。1977 年年初，黎澍在《历史研究》第二期发表《"四人帮"对中国历史学的大破坏——评所谓研究儒法斗争史的骗局》。在当时的历史条件下，文章没有直接否定批林批孔运动，没有揭露儒法斗争对历史解释的荒谬，而是强调江青"四人帮"篡改了批林批孔运动的宗旨，"那个所谓研究儒法斗争史的运动，实际上根本改变了批林批孔运动的方向，既不批林，也不批孔，而是一个精心策划的骗局"[①]。

黎澍针对江青在批林批孔运动中的几次讲话，强调江青不懂装懂，把自己打扮成儒法斗争史"专家"，"背叛马克思主义的阶级斗争学说，不以这个学说为解释历史的基本线索，自称发现儒法斗争是解释中国历史的新线索，从春秋战国一直贯穿到现在"。他以为江青这些说法，就是"胡说八道"，经不起推敲。在谈到近代中国的情形时，黎澍针对评法批儒时最流行的观点，指出洪秀全反孔，主要因为他是农民起义的组织者和领袖。他从外国传教士那里发现有一个上帝可以用来号召群众，而必须尽力排除向为中国人所尊奉的神圣，特别是号为"至圣"的孔二先生，才能使他的上帝在群众中获得信仰。到了 19 世纪末和 20 世纪初，资产阶级革命运动兴起。在西方输入的资产阶级社会学说和自然学说的冲击之下，儒学面临危机，内部出现了两种不同的倾向：一种以为孔子"圣之时者"，儒学应当改造，以适应资产阶级需要；另一种认为儒学妨碍了中国的进步，应当对儒学复古保守主义进行

[①] 《"四人帮"对中国历史学的大破坏——评所谓研究儒法斗争史的骗局》，收入《再思集》，1 页。

批判，使人们摆脱这种思想的束缚。① 黎澍在批判批林批孔运动对近代中国历史叙事曲解的同时，正面阐释了自己对近代中国历史的大致看法。

批林批孔，评法批儒，将历史学“古为今用”发挥到了极致，给中国政治带来了极大危害，历史学不再有客观标准，历史成为政客手中任意打扮的小姑娘。为了恢复历史学尊严，重新唤起人们对历史学的正确认识，黎澍不久又发表了一篇讨论“古为今用”的文章。②

“古为今用”，就其广泛意义来说，并无大错。学问可以有用，也可以无用。无用之学往往可能会有大用，有用之学有时候可能会带来相当大的危害。因此，作为一种学问，历史学本不应该强调有用无用，历史学者应该凭着自己的积累，凭着自己的兴致，去研究自己感兴趣的问题，不应该心存有用无用，更不能心存为政治所用。政治家也不应该要求历史学家一定要去做那些有用的学问，忽略那些无用的学问。政治一定不能干预学术，不能让学者俯首帖耳，去为政治进行历史学论证，历史无论如何不能成为政治的婢女。

然而，这些今天成为常识的东西在当年并非如此。1964 年 9 月 17 日，中共中央办公厅上报给毛泽东的《群众反映》上有这样一段话：

由于长期地、大量地、无批判地学习西欧资产阶级

---

① 《再思集》，4 页。
② 《正确理解“古为今用”》，载《光明日报》1977 年 9 月 1 日；后收入《再思集》。

音乐文化，资产阶级思想对我院师生有极深刻的影响。有些人迷恋西洋音乐，轻视民族音乐，对音乐革命化、民族化、群众化有抵触情绪；学校在教学工作上，对西洋音乐只教继承，不教批判；院内师生的阶级成分十分复杂，工农子弟少得可怜。学校的办学方针需要进一步明确，学校究竟培养什么人？教学中的中西比例如何安排？在我们的教材中、舞台上，应不应该彻底赶走帝王将相、公爵、小姐、夫人，而换上我们伟大的工农兵？这些，都希望中央能有明确指示。

这些问题本来应该是教育部门，甚至是学校自己就可以决定的事情，然而中央音乐学院竟然将之提交给了最高层。更重要的是，最高层还真的就这些非常专业的问题发布指示。毛泽东的批示是：

> （陆）定一同志：此件请一阅。信是写得好的，问题是应该解决的。但应采取征求群众意见的方法，在教师、学生中先行讨论，收集意见。
>
> 古为今用，洋为中用。此信表示一派人的意见，可能有许多人不赞成。①

尽管毛泽东并没有明白表明自己的态度，但此后，"古为今用，洋为中用"，就成了中国文化的一个原则，自然也引出一些庸俗的实用主义主张。黎澍认为，毛泽东这段批示有其特殊意义，

---

① 《毛泽东年谱》第5卷，412页，北京：中央文献出版社，2013年。

如果将这些指示应用于历史研究，一定要按照毛泽东有关历史研究的一贯思想，正确加以理解。而"四人帮"无视毛泽东指示的精神实质，对"古为今用"肆意曲解，使之变成了一个完全的实用主义口号。所谓"古为今用"，变成了"古为帮用"。只要能够为他们那帮人所用，他们便不顾历史事实，搞所谓"七真三假"；可以无视历史发展客观规律，搞所谓"合理的想象"。黎澍说："在他们的笔下，什么样的怪事都有。"① 他在这篇文章中，举出很多例子。

那么怎样才能正确理解古为今用的原则？黎澍提出两条意见：第一，历史研究必须体现鲜明的阶级性，必须为无产阶级服务，而不是为一帮一派服务；第二，必须采取实事求是的科学态度，而绝不能搞歪曲、篡改、影射、比附等实用主义那一套。

其实，历史研究以求是为目的，即便为什么阶级服务，也必须以历史事实为依据，没有真实，就没有历史，更谈不上服务。至于历史的相似性，这是历史学的一个特点，也是历史事实本身，因为东方人、西方人同此心同此理，而且古代人与现代人，就一些大事而言，也往往同此心同此理，历史的因果关联往往无须牵强，无须附会，更不需要拙劣比附。说到底，历史研究只管求真，至于是不是比附，是不是影射，均与研究者无关。

针对"文革"时期戚本禹提出的"为革命研究历史"，黎澍以为这样的说法太狭隘，太浅薄。戚本禹的实际意思，就是提倡研究革命的历史，反对帝王将相的历史。"历史学是研究客观过程的学问，愈客观，愈全面，愈好。只研究革命的历史，不研究反革

---

① 《正确理解"古为今用"》，《再思集》，35 页。

命的历史，就不全面，不客观，不能揭露历史的真相，不足以说明现状。"黎澍此时能够有这样的认识确实不容易，历史学的客观性、无目的性，确实是一个大问题。真实的历史，并不在于研究革命，或反革命，更不是什么"为革命而研究历史"，研究历史就是研究历史，不必再赋予其他什么意义。

在黎澍内心深处，中国历史学经过十年"文革"伤痕累累，许多过去比较清晰的问题，现在都给弄乱了。现在应该用冷静的态度看待过去，不能再提"为什么而研究历史"。"历史就是历史。忠实于历史，就是唯物主义的态度。掩饰或者篡改历史，哪怕完全出自一片好心，也是错误的。研究历史可以有各种目的，但是一个共同的目的就是为了说明现状。"由此"重新认识历史"[①]，成为近代中国史学界走出"文革"后的第一等大事。

二、重新认识"洋务"

黎澍敏锐意识到"重新认识历史"的重要性，是他确实感到此时的中国处在历史性转折时期。

1978 年 12 月，中共十一届三中全会决定将全党工作重点转移到经济建设上来。换言之，就是重启现代化。而现代化，在近代以来至少发生过两次：一次是近代史上的洋务运动，另一次是抗日战争全面爆发前资本主义的"黄金十年"。

---

① 《重新认识历史》，《黎澍集外集》（徐宗勉、黄春生编），62 页，北京：社会科学文献出版社，2003 年。据编辑者说，这是一篇未刊手稿，大约写于 1978 年。

在这个特殊历史转折期，黎澍记下了中国近代史学界需要重新思索的几个主题。

历史科学的首要任务不是如一般所说的揭示历史发展规律，而是揭示事实真相，清除意识形态对历史的歪曲，反对历史学为现实政治需要服务、给历史以新的歪曲。

近代中国的主要问题是近代化或工业化或现代化，不能说就是革命，尤其不能说太平天国和义和团都是资产阶级革命的高潮。革命是手段，不是目的。把革命当作目的是错误的。

中国民族资产阶级不是从封建社会中的资本主义萌芽发展起来的。中国民族资本的原始积累主要不是依靠地主官僚对农民的剥削，而是伴随外国资本在中国的掠夺而进行的。[1]

中国资产阶级运动始于何时？始于同治中兴或洋务运动。因为不但中国的资本主义工商业从办洋务开始，资产阶级的维新思想也是从办洋务发展起来的。最初的维新思想家如冯桂芬、薛福成等都是洋务派的幕僚。[2]

从学术史的观点回望，黎澍确实不愧为史学界的思想家，他的这些思考实际上开启了此后几十年持续争论的几个话题。

1. 历史学的本质。

2. 近代中国历史主题。

3. 重估革命。

4. 农民运动。

5. 中国资本主义发生发展。

---

[1] 《我的主要学术观点》，《黎澍集外集》，66 页。

[2] 《重新认识历史》，《黎澍集外集》，64 页。

6. 重估资产阶级。

就历史顺序而言，由于十一届三中全会确立重回现代化的路线，因而尽管黎澍从理性主义立场不愿再将历史学绑在现实政治的战车上，但中国近代史学界循着惯性，还是无意识地将注意力聚焦于近代中国历史上的第一次现代化运动，重新探讨洋务运动的得失、意义。

1949年后的中国学术界对洋务运动发生兴趣，并不止一次，但由于意识形态原因，每一次讨论差不多都是不了了之。[1] 而这一次则不然，毕竟中国重启现代化，毕竟重启中的现代化与第一次现代化运动相比，有不同，更多相同，比如对外国技术、外国资本、外国人才的利用，比如与世界的交流与沟通，比如走向世界，更重要的是特区、工业化等，在某种意义上说，简直就是历史的复写。因此，中国近代史学界不仅对洋务运动进行了持续性研究，而且给予同过往很不一样的评价。

就持续性而言，1979年以后若干年，全国各地大小报刊不间断地发表有关洋务运动的论文、文章，并且有张国辉[2]、樊百川[3]、夏东元[4]、李时岳[5]等一批年富力强的学者的研究专著出版。1980

---

[1]　马勇：《"革命叙事"中的洋务：1978年前》，载《安徽史学》，2015年第6期。

[2]　张国辉：《洋务运动与中国近代企业》，北京：中国社会科学出版社，1979年。

[3]　樊百川：《中国轮船航运业的兴起》，成都：四川人民出版社，1985年；《清季的洋务新政》，上海：上海书店出版社，2003年。

[4]　夏东元在洋务运动方面的著述最多，主要有《郑观应传》《盛宣怀传》《晚清洋务运动研究》《洋务运动史》等。

[5]　李时岳、胡滨：《从闭关到开放——晚清"洋务"热透视》，北京：人民出版社，1988年。

年，吉林大学历史系主持召集了一场以洋务运动为主题的研讨会，并在会后出版论文专集。这些论文、著作、研讨会，固然没有脱离马克思主义影响，但研究者已不再像过去那样教条主义地对待这场近代史上最具变革意义的运动，其研究深度、广度，远非过往任何一个时期可比。不同意见之间的争论，比之近代史研究的其他领域更为活跃，大致体现了百家争鸣的意思。①

检索可知，改革开放后，最先提出重评洋务运动的为"柏石岩"。1977 年 6 月 2 日，"柏石岩"在《光明日报》发表题为《以假乱真，包藏祸心——斥"四人帮"大批洋务派的罪恶目的》的文章。这算比较正面评估洋务运动的先声。更具学术味道的，则是 1979 年 2 月 9 日，夏东元在《文汇报》发表《再论洋务派》一文，重提洋务派及洋务运动评价问题。紧接着，黄逸峰、姜铎在《历史研究》1979 年第 2 期发表《重评洋务运动》长文，终于将洋务运动放到近代中国的历史进程中进行考察。这是后来重评洋务运动的基础、起点。

黄逸峰、姜铎，都是 1960 年代"小阳春"时期洋务运动讨论的积极参与者，在报刊上联名或单独发表过一些文章，并在当时引起相当积极的争论。但因为中国政治在那时迅即转向"以阶级斗争为纲"，这个讨论不得不终止。现在重启现代化，为重评洋务运动提供了可能，因而他们旧话重提，全面检讨过去几十年对洋务运动的研究、误读，期望重新研究"第一次现代化运动"有助于改革开放顺利进行。他们指出，洋务运动产生于 19 世纪 60 年

<hr>

① 章鸣九、徐泰来：《洋务运动研究的回顾》，《洋务运动史论文选》（阮芳纪、左步青、章鸣九编），592 页，北京：人民出版社，1985 年。

代，当时社会背景的总特点是，清政府在内忧外患双重威胁下，已到了不能再照老样子统治下去的时候了。用李鸿章的话说，中国历史面临一场划时代转变，"此三千余年一大变局也"①。这就是洋务运动的发生背景。

作者认为，"洋务运动是企图移西方近代生产技术之花，来接中国封建体制之木，即利用近代生产技术为手段，来实现其维护和巩固封建统治的目的，手段和目的，在这里存在着明显的不可调和的矛盾。这是洋务运动的根本矛盾，也是导致洋务运动破产的根源"。在作者看来，洋务运动只是对那时的中国起到了强心针的作用，由于没有体制性改革予以配合，因而这场现代化运动根本救不了旧体制的命，"移植在封建之木上的西方近代生产技术之花，根本结不出果来，只能全部枯萎了事。这就是洋务运动目的和手段这一根本矛盾所带来的必然命运"②。

黄逸峰、姜铎二位在过去很多文章中比较多地肯定洋务运动的意义，这次"重评"实际上是"重新反对那种全面否定洋务运动的观点，坚持对洋务运动作某种程度的肯定。因此，在《重评》里，对洋务派反对封建顽固势力，反对外国资本主义的侵略和促进民族资本主义的发展等方面，都作了较为具体详细的阐述"③。但是，正如一些研究者所指出的那样，黄、姜二位此次重评，却

---

① 《中国近代史资料丛刊·洋务运动》第 5 卷，119 页，上海：上海人民出版社，1961 年。

② 黄逸峰、姜铎：《重评洋务运动》，《洋务运动史论文选》，48 页，北京：人民出版社，1985 年。

③ 徐泰来：《也评洋务运动》，载《历史研究》1980 年第 4 期；又见《洋务运动史论文选》，85 页。

把洋务运动值得肯定的主要方面说成了次要方面，洋务运动不仅没有体制性变革，更重要的是，这场运动没有促进民族资本尤其是私人资本的发展，官僚资本、官督商办，遏制了自由资本主义，导致了一场畸形的繁荣，因而经不起考验。"当然，由于洋务运动的根本矛盾，不可能具有发展民族资本的纲领和政策，对新兴民族资本的扶持和保护，只能是暂时的和局部的，主要是控制、排挤和打击，大部分官督商办企业，在封建腐败的洋务派官僚把持下，纷纷亏损破产，以致私人资本望而生畏，裹足不前，对洋务运动所抱的幻想，也因而从此破灭。"①

由此推理，洋务运动一方面是一个"反动的运动"，在近代中国历史上"写下了很不光彩的一页"。但是，也正是这场运动催生了第一批中国人自己的近代企业，揭开了"封建中国采用西方资本主义生产方式的序幕"，兴办了中国第一个近代煤矿、第一个近代钢铁厂、第一个近代织呢厂、第一个近代纺纱厂、织布厂等。这无数的第一，就是洋务运动不可抹杀的意义。

洋务运动是近代中国一场比较复杂的运动，既要学习和利用西方先进技术去维护旧制度，又在事实上通过学习西方促进了中国旧制度的瓦解；既要学习西方，又反制西方，"师夷长技以制夷"。因而这是一场充满矛盾的运动。长期研究洋务运动的老辈史家夏东元很早就指出，洋务运动的经济活动促进了中国资本主义的发生、发展，就其客观历史逻辑而言，这就走向了"洋务派的

---

① 徐泰来：《也评洋务运动》，载《历史研究》1980年第4期；又见《洋务运动史论文选》，85页。

目的的反面"。①洋务派本来是要维护清王朝政治统治旧秩序，但他们的活动却促进了旧秩序的解体，促成了资本主义的发生、发展。夏东元后来更指出，由于资本主义的发展，洋务派很快也意识到了仅仅经济方面的求富还不能解决问题，如果没有政治上的变革，没有制度层面的保障，洋务运动就不可能达成理想目的。他引用淮系骨干张树声的话说：

> 西人立国……驯致富强，亦具有体用。育才于学堂，论政于议院，君民一体，上下同心，务实而戒虚，谋定而后动，此其体也；轮船、火炮、洋枪、水雷、铁路、电线，此其用也。中国遗其体而求其用，无论竭蹶步趋，常不相及，就令铁舰成行，铁路四达，果足恃欤？②

在夏东元看来，张树声已意识到了洋务运动要想获得成功，简单模仿西方，简单地在器物方面下功夫已经不行，没有政治体制配合，没有制度保障，已有的技术成就都不足以证明成功。张树声已有了资产阶级政治改良主义倾向了。

夏东元引述的另一个实例是安徽巡抚邓华熙1895年春天向光绪皇帝推荐郑观应《盛世危言》时的一段话：

> 夫泰西立国，具有本末。广学校以造人材，设议院以联众志，而又经营商务以足国用，讲求游历以知外情。

---

① 夏东元：《洋务运动简论》，《文汇报》1963年4月30日。
② 郑观应：《〈盛世危言〉自序》引。

力果心精，实事求是。夫然后恃其船械，攸往咸宜。今中华不揣其本而末是求。无学校之真则学非所用，用非所学；无议院之设，则上下之情隔，粉饰之弊多。[①]

夏东元指出，邓华熙不仅推崇西方议院制度，而且还指责中国那些坚持"中学为体，西学为用"的洋务大官僚为"不揣其本而末是求"。夏东元此时对洋务运动的研究，较先前已有的结论进了一大步，已意识到洋务运动时期已有不少人清醒地知道中国问题之所在，知道中国应该进行政治变革，应该让制度适应正在变化着的经济基础。

然而中国为什么没有在经济增长的基础上变革政治呢？夏东元将之归罪为清廷最高统治者的把持和帝国主义的反对："洋务派中不仅中下层人士在向民族资本家和改良主义者转化，而且比较大的上层官僚也在分化。除多数人分化为抵抗派者外，也有一些人要在政治上学习西方民主制度。这样，洋务派的经济活动就不仅自发地在经济上、意识形态上对'体'的自我破坏，而且其中不少人包括一些上层官僚在内，要求变革封建主义的'体'，他们虽然还没有也不敢直截了当地提出以西方资产阶级民主制度作为中国的'体'，但已意识到中国封建主义的'体'非改变不可。而这，在清王朝最高统治者顽固地把持下是绝对不可能办到的。而洋务派中的封建顽固大官僚也绝对不肯作这样的变革的。至于帝国主义那是既反对中国发展资本主义，更反对中国变封建专制为

---

① 《盛世危言》十四卷本卷首。

16

民主制度的。这就决定了洋务运动以悲剧告终。"① 这个看法在之前是不可思议的。这是对洋务运动"只变其末不变其本"最严厉的批判，对于中国正在开始的变革极具启发意义。

20世纪80年代初期，中国政治因为改革开放面临巨大转折，近代中国历史叙事也因为政治变化而需要重构，用黎澍的话说，是要将被"四人帮"搅乱的历史重新矫正过来，重评洋务运动遂因为这样几个原因而热闹一时。在这次重评洋务运动的学术思潮中，最具代表性的研究者无疑首推李时岳，他从大历史视角，从中国现代化视角，分析了洋务运动的意义。

李时岳生于1928年，最先毕业于南京大学生物系，后进北京大学历史系读近代史研究生，毕生从事中国近代史教学研究，曾任《史学集刊》主编、汕头大学副校长等，其代表作为《从闭关到开放——晚清"洋务"热透视》《近代史新论》等。此外，他对李鸿章、辛亥革命、义和团运动、孙中山、张謇与立宪派等，都有相当精深的研究。

就学术传承而言，李时岳属于1949年之后培养出来的第一代马克思主义史学家，他所接受的历史观点，差不多都是毛泽东、范文澜、胡绳建构的"革命史观"，对于近代中国，就是"悲情叙事"，以"半殖民地半封建"理论解读1840年之后的近百年历史。与同代史学家不一样的是，李时岳随着中国改革开放的进程，开始了对近代中国发展模式的反思。

李时岳那代史学家对先前"革命叙事"的反思，主要受刺激

---

① 夏东元：《洋务运动发展论》，载《社会科学战线》1980年第3期；又收入《洋务运动史论文选》，83页。

于"十年浩劫"这个事实。他们的普遍困惑是：中国为什么没有在新政权建立后迅即找到一条常态国家的发展道路？也正是从这个意义上说，没有"文革"结束，没有改革开放，没有中国政治的新阶段，就不可能有李时岳对革命史观的反思，不可能出现现代化史研究热。

在李时岳讨论中国现代化史的所有文章中，最令人难忘的无疑是长文《从洋务、维新到资产阶级革命》[①]。这篇文章系统清理了中国马克思主义史学在过去几十年对洋务运动的误读，试图对近代中国的第一次现代化运动给予全新解释，并由此重构近代中国叙事框架，重新认识近代中国发展脉络。文章开宗明义说：

> 洋务运动、维新运动和资产阶级革命，是近代中国前进的几段重要历程。长期以来，从"批判剥削阶级"的原则出发，形成了一些固定的观念：办洋务就是买办化、卖国主义；搞维新无非是妥协、改良主义；干革命也不正确，因为是资产阶级的，必须"立足于批"。这种先验性原则窒息了人们的思想，研究工作只能在固定的框框内弥缝补苴，稍许出格，"歌颂帝王将相"、"为改良主义涂脂抹粉"、"为资产阶级争历史地位"等等罪名即随之而来，从而扼杀了学术民主，也就禁锢了科学前进的脚步。

基于这样的判断，文章中毫不留情地清算了过去几十年对近

---

① 《历史研究》，1980年第1期。

代中国重大事件的误读、误解。这些批判，今天看来或许已经被超越，但在 20 世纪 80 年代初期那个乍暖还寒的时候，需要的不仅是良知、勇气，还是学养、学识，足够的知识储备。

李时岳这篇文章，从题目上看主要是讨论洋务、戊戌，以及辛亥革命，其实从其内容上看，这篇文章就是要重构近代中国叙事框架，要对几十年来一直深刻影响中国近代史的主流叙事提出质疑。按照那个时代一般研究者的看法，中国是以"半殖民地"的"屈辱地位"被强制拉入资本主义世界体系的，落后使中国挨了打。当欧洲出现资本主义曙光的时候，中国依然在旧体制中长睡不醒，中国的统治者妄自尊大、固步自封、闭目塞听、闭关锁国，造成了对世界的愚昧无知。直到鸦片战争爆发，林则徐、龚自珍、魏源等一批人出现，睁眼看世界，中国方才有了那么一点危机意识，方才开始讲究经世致用，讲究改革。但是，他们的改革主张不仅没有获得朝野的一致认同，没有转化为一种国家共识，更重要的是，林、龚、魏等人所提倡的那些改革，与近代西方资本主义可谓有八千里之遥，根本不是一回事。即便魏源的"师夷之长技以制夷"，其实更多的还是策略性的，并不是中国人在西方的打击下的根本醒悟。

近代中国第一次有意义的觉醒，还是在太平天国运动失败后。凭借平定太平天国的功劳，曾国藩、左宗棠、李鸿章等一代政治新人渐渐登上历史舞台。他们鉴于平定太平天国的经验，尤其是实际需要，全力襄赞满洲统治集团的开明派慈禧太后、恭亲王等人发起的洋务运动。这是近代中国的巨大转折，后来的历史都可以从这里找到其原点。

对于这场后来被誉为"中国第一次现代化运动"的洋务运动，

中国的马克思主义史学家在过去几十年并没有绝对否定，也没有绝对肯定，在洋务运动大的历史脉络的评估上，他们往往用辩证法、二分法含糊其辞，肯定研究者当时想肯定的一面，否定研究者当时想否定的一面。这在 20 世纪 50 年代、60 年代两次洋务运动的讨论中表现最为明显。

与前几次的讨论很不同，李时岳在 20 世纪 80 年代初期关于洋务运动的讨论，主要从世界历史发展大势上分析近代中国的历史走向，将这场以经济建设为主轴的现代化运动视为传统中国向现代国家转型的关键，赋予其极为丰富的内涵。

否定洋务运动的研究者，在很多时候从"目的论"出发倒推洋务运动主导者的心迹，以为恭亲王、曾、左、李之所以全身心投入洋务运动，推动经济发展与转型，并不是单纯地为了中国，而是因为清政府的政治统治遇到了洪秀全的严峻挑战，因而即便洋务运动取得了某些成绩，其性质也是反动的，因为他们的目标就是要镇压太平天国农民起义，就是要挽救清政府的腐朽统治。这些看法当然具有极为强烈的时代色彩，在举国一致褒奖洪秀全和太平天国的时候，很难对太平天国的对立面恭亲王、曾、左、李给予合乎情理的评价。这是时代局限。李时岳的时代毕竟与此前有了很大不同，改革开放毕竟让中国向常态国家迈出了一大步。在一个常态的国家体制下，不仅洋务运动有了重新评估的空间，即便造反者洪秀全、太平天国，也有了重新讨论的可能。由此，李时岳就有可能为洋务运动找到新的定位系统，能够从现代化视角重估这场运动的意义、局限。李时岳指出：

> 洋务运动从来具有对内、对外的双重目的。对内是

借用外洋盔甲以保护封建躯体，镇压革命；对外是"夺其所恃"以"绝其觊觎"，防止新的冲突，避免殖民地化。……一般地说，洋务派是对外妥协派，他们的纲领是"和戎、变法"，他们是接受半殖民地统治秩序的。但"和"也需要一定的实力。洋人贪得无厌，肆意要挟，没有一定的实力就可能"和"不成，半殖民地秩序就可能被破坏而完全殖民地化，中国就可能灭亡，"不战"、"不守"也就不能"和"，只会像叶名琛那样被抓去当俘虏，所以必须讲求"自强"。

李时岳的这个解释今天看来虽说显得相当牵强，但他确实在为清政府主导的自强运动寻找一个更加合适的理由，并由此可以正面谈论洋务三十年的那些成就，那些创造，那些中国历史上的第一：第一批机器生产的兵工厂、造船厂、纺织厂、钢铁厂以及煤铁矿厂；第一个轮船公司、第一条铁路、第一条电线、第一支海军舰队、第一批外国语学校、第一批分赴欧美的留学生、第一批翻译成中文的近代西方科学技术典籍……如此众多的创造，足以表明这是一个跟之前极不相同的中国。一个老大的帝国，一个悠久的农业文明，或许还没有完全走进现代，但无疑，在李时岳的分析中，已经蕴含有非常丰富的现代化因素。

基于对洋务运动意义的新理解，李时岳当然无法继续认同将太平天国、义和团、辛亥革命作为近代中国的"三大革命高潮"，更无法认同以这三大运动作为近代中国历史叙事的主线。李时岳继承了1949年之前中国现代化史研究的主流叙事，也开启了进一步研究的先河，强调重构近代中国叙事，必须把握近代中国的性质，必须以中国资本主义的发生、发展作为基调。李时岳的这个论点对于20世纪80年代之后的中国现代化史意义重大，后来的研究者不论是否读过李时岳的论述，都直接或间接受到了李时岳的启示。

在传统中国马克思主义史学家那里，近代中国就是一个不断沉沦的过程，有一个从完全的主权国家不断向"半殖民地"沉沦的曲线。这个看法是革命叙事的基础，几十年来没有人怀疑、动摇过。由于李时岳重新探究了近代中国若干重大事件的意义，因而有可能重构近代中国叙事。尽管从今天的立场看可能会觉得李时岳的重构还有很多瑕疵，但在那个时代已经很不容易了。他认为，近代早期中国确实有一个从独立主权国家向下沉沦变成半殖民地的过程，但是当中国资本主义在"封建社会"的夹缝中即"半殖民地半封建"社会中缓慢衍生的时候，其实就标志着近代中国历史发展的曲线开始转头向上了，表明一个全新的，或稍新的社会形态在萌生了。①

李时岳的这些看法深刻地启发了后来者，对于稍后关于中国近代史基本线索的讨论，对于近代中国社会性质究竟在什么意义上说是"半殖民地半封建"，"半殖民地半封建"究竟怎样"半"，究竟各占多少份额的讨论，都具有前导意义，是20世纪80年代中国学术思想活跃的一个当然组成部分，是重构中国现代化史的奠基石。

---

① 李时岳：《近代史新论》，34页，汕头：汕头大学出版社，1993年。

三、新政治史叙事

20 世纪 80 年代初期知识界关于中国现代化的讨论中，陈旭麓是最重要的一个学者。正是由于他的许多论述，方才使传统的"革命叙事"发生裂变，一个全新的"新政治史叙事"复苏，并渐渐地从边缘进入中心，极大改变了中国近代史研究生态。

陈旭麓是 20 世纪上半期比较早研究中国近代史的学者，作文也比较早，1949 年之前就已有成就，只是后来不幸介入政治，受制于各种个人恩怨。在"文革"后，当别人都获得"解放"，重新开始的时候，陈旭麓却受到了无端压制，挫折连连，令人唏嘘。

好在陈旭麓是有思想的大学者，他在现实世界的生活或许因受压而郁闷，但他在 20 世纪 80 年代初期最先反省中国近代史研究的路径，最先提出在"革命叙事"之外，还应该注意"现代化叙事"，并尝试建构一个"新政治史叙事"。这不能不令人遐想，假如陈旭麓在"文革"后依旧春风得意，他是不是还会这样思考中国近代史的研究路径呢？

在近代史研究领域，陈旭麓是通才，政治、军事、外交、思想文化，诸多领域都有建树，陈旭麓关注研究的近代人物也比较多。多，有一个好处，可以比较，也可以最大限度避免偏颇，因为需要关照诸多人际，就不会像毕生抱着一个人物研究那样，容不得不同看法，好像自己研究的就是一个完人，就是道德化身。

从陈旭麓的著述编年看，在"文革"及"文革"前的漫长岁月里，陈旭麓对近代史的看法与"进步的"学术主流区别不大。"文革"结束，思想解放，陈旭麓的看法发生质的飞跃，与主流渐行渐远。他这些最初显得稍有"反骨"的看法却在 20 世纪 80 年代之后渐渐成为新的主流，成为一代学术风尚。

陈旭麓对近代史研究的贡献是全方位的，大到宏观，小到细节，陈旭麓都有别开生面的成就。而最具范式意义的，无疑是他在"革命叙事"之外"添加"了一个"现代化叙事"，或"新政治史叙事"。这个"添加"格外重要，在那个特殊年代，既能让主流意识形态大致接受，又极大推动了近代史研究的进展，是原则与策略的最佳组合。

根据陈旭麓的看法，20 世纪 80 年代中国近代史研究有了飞速发展，主要体现在通过对洋务运动、戊戌维新、辛亥革命、五四运动等一系列重大事件的重新评价，使人们对近代史有了新的理解，进而推进了人们对近代史线索的探究。

所谓历史线索，按照陈旭麓的界定，就是指人们在认识客观历史中形成的一种考察历史的观念，并把这种观念贯穿于阐述历史的首尾，有似绳索贯串钱物，如唯物史观、进化史观、文化史观、英雄史观等皆是。

依据这样的看法，中国内地学术界自 20 世纪 50 年代开始讨论近代史划分阶段的标准，就是以唯物史观的阶级斗争为主线，形成太平天国、义和团、辛亥革命三次革命高潮递进的构架。陈旭麓指出，这个构架积久渐趋公式化，许多近代史著作只有肥瘦差异，很少有不同风格和个性的显现，而且被大家援用的三次革命高潮也未必都称得上具有完全意义的革命高潮。这就促使人们重新认识历史唯物主义，在原来所认同的太平天国、义和团、辛

亥革命三次革命高潮之外探讨新线索。^①

　　陈旭麓在 20 世纪 80 年代提出这个看法还是需要学术与道德勇气的，即便放到今天，这样的看法虽说不是石破天惊，但也让学术界的一些人不能认同。这里关涉的还不是学术争辩，而是学术合法性问题。假如认定先前的研究在教条主义的影响下早已偏离了历史真相，根本无法解释过去一百多年的历史，那么过去的那些研究成果要怎么看，难道都是垃圾不成？

　　当然，陈旭麓那一代人还没有勇气彻底摈弃阶级斗争学说。作为一种学理，阶级斗争、唯物史观，完全可以与进化史观、文化史观、英雄史观同列，作为一种研究方法、研究手段，观察问题的视角，应该说它们是有意义的。但是，当阶级斗争、唯物史观成为教条，成为打人的工具时，其学术含量越来越少，政治含量越来越多，甚至简直就是套语，就是"正确的废话"。

　　根据 20 世纪 70 年代末 80 年代初学术界的研究，陈旭麓认为近代史研究模式的重构，至少需要注意这样几个方面。

　　第一，应该打通近代一百一十年，而不是继续孤立讨论五四运动之前的八十年。应当将近代、现代完全打通，将"1840—1949"看作一个整体。应该承认，陈旭麓当年这个看法现在已经不是问题了，学术界已经就此有很好的尝试。^②

---

① 《关于中国近代史线索的思考》，《历史研究》，1988 年第 3 期；又见《陈旭麓文集》第 2 卷《思辨留踪》上，3 页，上海：华东师范大学出版社，1997 年。

② 张海鹏：《编纂〈中国近代通史〉的基本思路》，《中国近代通史》第 1 卷《近代中国历史进程概说》，53 页，南京：江苏人民出版社，2006 年。张先生主编的这部《中国近代通史》就是一次比较成功的尝试，真正打通了近代中国一百年，让近代史更像历史，而不是政治。

第二，陈旭麓建议注意清史、民国史崛起带给近代史的尴尬，清史的后半段和民国史占据了近代史的全过程。这种"断代为史"的编撰、研究在中国已有很远的历史传统，对人物、事件及社会生活有很大容量，这就使近代史处于被分解、被取代的尴尬局面。但究竟应该怎样处理这样的问题，陈旭麓并没有接着讨论。

第三，陈旭麓认为，近代史乃相对于古代史、现代史而言，不像清史、民国史这种断代为史那样固定。现在我们称鸦片战争后为近代，随着岁月流转，"近代"一词的所指必将变化。人们要参考、研究这个时期的历史，势必以清史、民国史和其他专史为对象，而不再以游弋的过了时的"近代"为对象。换言之，我们今天讨论的近代（1840—1949）不可能永远是近代，这个时段迟早要被更后来的近代所取代。

三点忧虑之外，陈旭麓在20世纪80年代还有一个非常重要的看法，就是整个中国历史学的研究都应该从过去以阐述阶级斗争为主的政治史，推向经济史、文化史、社会史等更加广阔的领域。由此认识，陈旭麓身体力行，一遍又一遍地讲述《近代中国社会的新陈代谢》，通过对大量史料的重新整理、研究、解读，进行新的论证。这既是史学观念、方法的创新，也有传统史学表达方式回归的意思。陈旭麓的这个看法极端重要，他没好意思公开批评那时流行的史学著作不堪卒读，但他自己的著述却格外讲究，兼具才、学、识，善于将义理、考据、词章三者有机地融为一体，以洗练隽永的文字表达深沉的哲理、丰富的社会文化内涵，于行文舒畅淋漓之中展示摄人心魄的逻辑力量，一反学术文章单调呆板的八股化风气，形成了自己特有的史学笔法和史学个性。故其所作诸论，无论宏观，抑或微观，多命意深邃，且文采焕然，引人入胜，成为中国当代史学中最富个性风格和理性神采的遗产之一。①

陈旭麓那个时代，当然不会对社会发展五大历史阶段理论，不会对半殖民地半封建社会理论提出质疑，他们那个时代的学术创新，基本上就在这些前置条件下思考。相对于后来的学术环境，陈旭麓那个时候能够得出这样很不一样的见解，确属不易。

从大历史视角看，陈旭麓将1840年之后的一百一十年看作一个完整的时段。而且意识到这个时段虽然被界定为"半殖民地半封建社会"，但就其本质而言，这是一个特殊的历史社会形态，是秦汉以来所不曾出现过的历史时期，"即在封建社会崩溃中被卷入资本主义世界的半殖民地半封建社会"。陈旭麓强调，要从这样一个特殊的、完整的社会形态及其丰富内涵去考察。

对于当时学术界对"半殖民地半封建社会"概念的质疑声音，陈旭麓有同情，但他并没有加入这个质疑的阵容，而是创造性地重新解释了近代中国社会的性质。陈旭麓认为，半殖民地半封建社会大体道出了近代中国的"过渡形态"，这是梁启超的创见，表明1840年之后的中国与先前的老中国完全不一样了，第一个"半"字揭示了中国的主权完整在部分丧失，揭示了中国被卷入资本主义世界市场，民族资本就是相对于外国资本、买办资本的半殖民地产物，所以在陈旭麓的概念中，半殖民地不是一个单一的政治概念。

在陈旭麓看来，"半殖民地半封建社会"表明传统中国正在发生裂变，传统被无情地打碎，一个新的社会形态在世界资本主义

---

① 《思辨留踪》"内容提要"，《陈旭麓文集》卷二卷首。

体系下艰难成长。这里有痛苦，有痛心，但毕竟中国迈出了第一步，毕竟向着资本主义近代化走出了第一步，中国的社会经济、政治体制、文化生活，都在这个过渡期增加了新的、近代的内容。这些新的近代内容尽管微弱，却在缓慢地增长。

陈旭麓认同资本主义是人类历史无法迈过的坎，中国不可能跨越资本主义直接进入社会主义。而由于特殊的历史环境，资本主义在中国从一开始就不是那么健全、那么完整、那么充分，是从传统向现代的过渡。

近代中国一百一十年就是梁启超所说的过渡形态，那么在这个过渡形态中，究竟存在着哪些历史线索，是一条，还是多条？这些今天看来不成问题的问题，在20世纪80年代甚至之后很长时期被严肃地争辩过。陈旭麓没有介入这样的争辩，他用《近代中国八十年》和《五四后三十年》两本书的实践，去证明近代中国的历史主线、分期，可能不像"三大高潮"那样机械、那样教条。这两部书"就反帝反封建的主线作了必要的延伸，使它尽可能触及思想文化和社会生活等领域"。在体例上，这两部书也与流行的几百本近代史很不一样，改变了过去以"三大高潮、八大事件"为主线的习惯格局，一依历史自身后浪推前浪的起伏进程进行描述，注意了事件与事件之间的因果链条及其交错关系。①

对于这一百一十年中国历史的看法，陈旭麓用三句话做了说明：

第一，这是一个大变革的过程，而且贯穿始终；

---

① 《前言》，载《近代中国八十年》（陈旭麓主编），5页，上海：上海人民出版社，1983年。

第二，在这个时期，一个又一个变革的浪头表现为急剧的新陈代谢，螺旋式的推进，螺旋特别多；

第三，中国近代社会新陈代谢的本质是一步一步有限地推向近代化，"即推封建主义之陈，行民主主义（资本主义）之新"。

这就是中国的"过渡时代"，是从封建主义向资本主义的过渡，只是由于历史轨道的转变，中国并没有让资本主义充分发展起来，没有形成一个完全的资本主义时代，所以这个时代是积少成多，聚沙成塔。用陈旭麓的术语表达，就是"新陈代谢"。新陈代谢，最准确地体现了陈旭麓对于近代中国的完整看法。

陈旭麓将五四运动前八十年、后三十年作为一个整体，这个整体就是传统中国向现代中国转型。这个转型之所以又称为"半殖民地半封建"，在陈旭麓看来就是转型缓慢、不彻底。基于这样的认识，陈旭麓在描述近代中国一百一十年历史时，几乎在每一个问题上都与当时的流行观点有异。主流看法不能说陈旭麓的观点是叛逆，是异端；而非主流的研究，则认为陈旭麓的看法极富启发性，是重大突破。

细绎陈旭麓的看法，他认为，近代中国的历史虽然只有一百一十年，相较于漫长的中国历史、人类历史，都是短暂的瞬间，但这一百多年中古今中外的政治、经济、文化相互碰撞、交错直至融合，充分展示了新陈代谢的特征。为此，陈旭麓格外强调了几个最重要的年份或事件。

近代史的起点，陈旭麓依然认为定在 1840 年的鸦片战争最合适。一些学者将近代史起点上推至 17 世纪中前期，但那时虽然有西学东渐，但是西方因素并不构成中国进步发展的主要因素，英国的革命并没有触动远隔重洋的中华帝国，中国的明清易代依然局限于传统的改朝换代，还没有增加什么新的因素。

还有些外国学者，比如《剑桥中国晚清史》的作者，将19世纪初期视为"晚清"的开始，陈旭麓认为道理也不是那么充分。清朝统治范围在扩展在调整，但清朝的统治方法，中国社会的生产、生活方式都没有发生改变。尽管19世纪初的中国与世界已有相当广泛的接触，但还不能由此认定19世纪初期就是"晚清"，就是"近代"的开始。

陈旭麓认为，只有1840年的鸦片战争最有意义，因为这场战争"揭开了侵略与对抗，中西社会冲突的帷幕，中国自此被轰出中世纪，进入近代，开始有了世界的概念，萌发了'师夷'即学习西方资本主义的要求，产生了前朝所未有的一系列变化"[①]。所以，陈旭麓认为，鸦片战争标志的不只是这场战争胜败的严峻性，更因为这场战争标志着以商品和资本来改变中国传统社会的轨道，将之作为中国的近代与中世纪的分界线，是最合适的选择。

将鸦片战争作为近代史的起点，原本是"革命叙事"的一个重要标志，是外国资本主义入侵的标志，也是中国人民反抗外国侵略的标志。现在经过陈旭麓一番新的解释，鸦片战争的意义并不仅在此，更是中国社会的性质在西方因素影响下开始改变，"商品和资本"渐渐成为中国社会的重要内容，中国与传统渐行渐远，与中世纪诀别，由此缓慢步入近代社会。这个解释，显然具有"现代化叙事"的意思了。

鸦片战争标志着中国社会开始变化，但事实上，鸦片战争之后二十年中国错过了变化的历史性机遇，中国没有利用五口通商

---

① 《关于中国近代史线索的思考》，《陈旭麓文集》卷二，10页。

主动扩大对外开放，有意识地引进西方先进的工业生产方式，改变中国旧有的手工业生产方式。中国在《南京条约》后继续沉溺于天朝上国的迷梦中，除魏源、林则徐等极少数人外，中国人没有意识到中国来到了近代的大门口，中国缺少临门一脚的勇气、胆识。当然，也缺少机遇。

直至 1861 年，中国在经历了长达四年断断续续的战争后，在北京被英法联军攻陷后，方才意识到自己必须改变。这个改变在意识形态上最重要的标志，根据陈旭麓描述，就是朝野渐渐放弃了先前的"夷夏观念"，开始以"洋"代替"夷"。洋务运动由此发轫，资本主义经济由此起步，资产阶级改良主义思想由此冒头，传统中国文明由此打开了一个巨大缺口，西方近代文明作为一种有益的东西开始被中国人愿意吸收，中国的社会性质在渐渐改变，在经历了两次鸦片战争的打击后，中国终于向近代化迈出了一小步。陈旭麓说，这一小步"虽然是灾难迫发出来的微弱反响，却是具有时代气息的，应该说中国近代的新旧递嬗在这里已明显地呈现"①。陈旭麓的这个研究与表述极大改变了近代史学界对洋务运动的看法，既引领了 20 世纪 80 年代的重评洋务运动，又是对重评洋务运动成果最精辟的概括。先前学术界对洋务运动的非议、不屑、苛责，近乎一扫而光，"近代中国社会的起点""中国资本主义的发生""一个全新社会的曙光"，大致上成为新历史时期对洋务运动的表述。

对于太平天国，陈旭麓也不像"革命叙事"研究者那样继续推崇，或者稍加批评，继续为太平天国的荒唐、荒诞进行辩护。

---

① 《关于中国近代史线索的思考》，《陈旭麓文集》卷二，11 页。

陈旭麓完全改变了对太平天国的基本估价，他和那个时期的冯友兰一样，[①]认为太平天国运动与近代中国的大趋势相悖，"都没有摆脱千百年来农民起义历史循环的结局，并不体现新的生产关系的生长"[②]。这个看法显然与"革命叙事"分道扬镳，不再是一回事了。

1894 年的甲午战争和第二年《马关条约》的签订是近代史上的重大事件，其意义不容低估，标志着先前几十年没有政治体制的改革，仅仅学习西方军事技术、生产技术已不足恃，而且军事技术、生产技术的有限发达也将受制于传统旧体制，为其侵蚀。所以在甲午战后有要求政治近代化的戊戌维新运动。随后又有义和团、八国联军，以及清政府主导的新政。应该承认，甲午战争至武昌起义爆发这十几年的历史，在 20 世纪 80 年代之前并没有获得充分研究，研究者注意到了义和团、八国联军，但对前者过于偏爱，对后者过于仇恨，因而那十多年在陈旭麓那代史学家眼里，层峦叠嶂，云雾弥漫，剪不断，理还乱。

其实，从中国现代化的叙事角度看，1894 年后中国历史处在真正的"三千年未有之大变局"的节点上，中国人先前信奉在旧架构上补充西方新因素，至此基本被否定，"中学为体西学为用，旧学为体新学为用"的机会主义路线已基本上不再被人所重视，中国必须走出一条新路，这条新路就是日本所给出的维新路径。1895 年后，中国转身向东学习日本，此后二十年，至 1915

---

① 冯友兰在 20 世纪 80 年代中期指出："洪秀全和太平天国的神权政治不是把中国历史推向前进，而是拉向后退。"见《中国哲学史新编》册六，《三松堂全集》卷十，348 页，郑州：河南人民出版社，2001 年。

② 《关于中国近代史线索的思考》，《陈旭麓文集》卷二，11 页。

年"二十一条"事件发生，中日度过了近代相对美好的二十年时光。中国虽说在这二十年经历过无数波折，但基本取径，就是日本的维新，就是君主立宪。

对于辛亥革命，陈旭麓的看法也比较特别。他承认辛亥革命推翻帝制，推翻清朝，承认是清史的终结，是民国的开始，但陈旭麓从一个"完整"的近代史立场上看，并不认为辛亥革命具有转折意义，他认为辛亥革命并没有让中国社会的性质发生改变，这只是一个社会形态内爆发的重大事变，是"半殖民地半封建社会全过程的许多峰峦中的一个较高的峰峦，为实现政治近代化迈出了大步"[①]。

陈旭麓的这个评估寓意深远，值得深思。他的意思，或者他没有明白表达的意思是，所谓中国近代史是一个完整的过程，这个过程就是资本主义的发生、发展、繁荣、昌盛，或许直至消失、终结的全过程。辛亥革命结束了帝制，但并没有改变中国社会的性质，并没有让中国社会成为完全意义上的资本主义，所以对辛亥革命的意义，陈旭麓认为不应过于高估。

对于1912年之后的中国历史，对"民国前半程"，陈旭麓那代史学家一直纠结在"新旧民主革命"场景中，他们注意到了这个时期新的革命因素，但没有注意到这个时期中国社会的性质实际上在发生改变。他们只注意到了国共两党的分分合合，没有注意到中国社会的主导力量在1928年之前还不是国共两党，而是那时的中国政府，也就是很多时候被称为"北洋政府"的那个政府。在这个政府的主导下，1912—1928年的中国发展迅猛，特别是在

---

① 《关于中国近代史线索的思考》，《陈旭麓文集》卷二，13 页。

第一次世界大战前后，中国充分利用了这个特殊机遇，民族资本主义获得了充分发展，政治的民主化、思想的多元化，也同样获得了巨大进步。

对民国历史的后半段，陈旭麓那一代史学家比较注意 1937 年之后的抗日战争，以及 1945 年之后的国共纷争，不太注意蒋介石 1927 年建立新政权之后的十年发展，十年生聚。对于抗战时期，那一代大陆学者主要在解释中共在那八年的作为，忽视了中国在 1937 年后十几年实际上是沿着"抗战建国"路径，从军政到训政，并迅速转变为宪政。

抗日战争对于中日两国来说都是巨大不幸，但中国通过这场战争，迅速走上了一个新政治阶段。按照 1927 年蒋介石新政府的规划，中国势必要经过一个漫长的军政、训政时期，但是由于外交危机发生，在九一八事变同一年颁布的《中华民国训政时期约法》，迅即成为一个"过去式"，国民党在外交危机的刺激下，迅即开放政权，容纳各党派一起抗日。这里有中共的呼吁与贡献，也有蒋介石、国民党的妥协与让步，这是中国政治最好的一个时期。

从外战到内战，短短三年，国民党的统治土崩瓦解，政权易手，中共建立了一个新政府。对于这段历史，陈旭麓那代史学家是亲历者，是参与者，他分析这个历史转变，相信是由于"民主与反民主""变革与反变革"矛盾的激化。在他们的观念中，中共代表了民主、变革的力量，而国民党、蒋介石代表了"反民主""反变革"的力量。

不过，陈旭麓有一个认识是非常清醒的，他注意到 1949 年中国政治的转型，事实上结束了自 1840 年以来的一个完整的时代，一个"半殖民地半封建社会"的历史至此结束，中国的未来走向究竟怎样不好说，但肯定与此前一百多年很不一样。一个完整的近代史至此结束。这是一个完整的"近代化叙事"。

我们可以这样评估陈旭麓对中国现代化史研究的贡献，他属于从"革命叙事"中出走的学术先驱，但在他的思想意识深处，还留有"革命叙事"极为深刻的印痕，他只是借助"现代化叙事"丰富了"革命叙事"，而不是摆脱"革命叙事"而重构一个"现代化叙事"，或可称之为"新政治史叙事"。不过，有一点必须肯定，陈旭麓的努力让后来的研究者打通了现代化叙事的"学脉"，知道在"革命叙事"之外，还可以，事实上已经有了一个"现代化叙事"。

四、现代化叙事的可能

20世纪80年代是思想解放的年代，那时年富力强的一代学者既有旧学根底，又有几十年来中国马克思主义的熏染，他们经历过20世纪50年代的"思想改造"，20世纪六七十年代的"文革"风暴，改革开放让他们重新思考走过的路，重新思考中国近代史上的许多重大问题，他们发自内心地承认"过去的一些不适当的观点"需要克服、纠正，[①] 近代中国的历史叙事需要从现代化视角予以重构。

西方资本主义势力侵入中国以后，中国的唯一道路就是尽快

---

① 《重新认识历史》，《黎澍集外集》，62页。

使自己现代化，赶上西方国家。但是中国人第一是不认识这个道路；第二是内部阻力之大，举世无双，有时形成政治上的严重对抗，动辄兵戎相见。每一步前进都有倒退来补偿。历史运动的作用和反作用规律和物理学上的作用和反作用规律仿佛是相同的。不同之点在于历史运动的作用和反作用未必相等，反作用往往大于作用，作用也可以使反作用在一个时期内不能显现，必须过了这个时期才看得出来。

戊戌变法是中国的第一个现代化运动，变法以政变结束和八国联军的入侵的反作用是革命的高涨。

辛亥革命的失败和袁世凯称帝的反作用是新文化运动的兴起和社会主义运动的发展。

大革命时期中国共产党左倾路线的反作用是国民党全面反共和此后十年的内战。

抗日战争胜利以后蒋介石坚持反共的反作用是国民党统治的灭亡和中华人民共和国的成立。

"文化大革命"号召坚持教条主义，反对任何改革，坚持闭关主义，反对任何开放；其结果是改革开放的全面肯定。

回看历史的轨迹，可以恍然于如何选择前进的道路了。①

---

① 《中国现代化的历史辩证法》，原载《湖北社会科学》，1988 年第 6 期；又收入《●溜集外集》，7 页。

黎澍 1988 年的这篇短文大致勾勒出了那一代史学家的"历史辩证法",促使这些"老辈史家"重新思索近代中国历史叙事。

两年后,1990 年,刘大年在一次学术研讨会上发表讲话,将范文澜等更老一代史学家建构的近代中国历史叙事作了新的解释。他说:

> 中国与世界的联系可以上溯到很久以前,那些联系尽管文化的、物质的俱备,却从来不曾引起中国社会生活的重大变迁。进入近代,情形彻底改变了。中国被卷进到了世界,特别是世界东方矛盾的漩涡里面,成了东方矛盾的焦点。世界上的强国把它们的力量伸进到了中国社会生活之中。一边是中国,一边是世界,中国近代究竟是由谁在那里起主导作用呢?我想我们不能回避对这个问题作出回答。[1]

由此引申,刘大年在其晚年很自然地介入了中国现代化史的讨论,并在一定程度上调整了他个人坚信了几十年的革命叙事。刘大年不是中国现代化史叙事的开创者,但他确实借用了现代化叙事让革命叙事更丰满。

刘大年指出,近代世界的特点不是别的,近代世界的基本特点就是工业化,也就是通常我们所说的近代化。适应世界潮流,走向近代化,是中国社会发展的必然趋势,外部世界与中国社会

---

① 《中国近代化的道路与世界的关系》,原载《求是》,1990 年第 22 期;又收入《刘大年集》,34 页,北京:中国社会科学出版社,2000 年。

的这个趋势，密切联系在一起。中国社会生活的深刻、急剧演变，处处显示出近代工业生产的影响。所谓中国是否有能力自立于世界民族之林，如何自立于世界民族之林，其核心，就是中国社会能否走向近代化，在当今世界上自荣自立的问题。因此，刘大年坚信，中国近代化与世界的关系，就是近代中国与世界研究的核心或重点。当然，还可以从其他角度提出其他的重点。不过无论从什么角度去看，都不会与近代化这个核心问题不发生联系。

必须承认，刘大年作为革命叙事的创建者和重要的修补者，他的学术胸襟绝非"陋儒"所能理解，刘大年根本不会去想什么用现代化叙事替代革命叙事这样低层次的问题，他以大史学家的胸怀接纳一切有意义的研究方式。

刘大年从一个马克思主义史学家的立场回溯了中国近代化进程，他的重要看法是，近代中国所追慕的西方是两个并不是一个：一个是第一世界的西方，是资本主义；另一个是第二世界的西方，是社会主义。近代中国一百多年向西方学习的历史，在刘大年看来就是从学习资本主义转向学习社会主义的历史。刘大年的这个描述应该说具有新意。

近代化问题，对于许多马克思主义史学家来说确实是一个新的问题，许多人以为用现代化叙事重构近代中国的历史，就一定会反对革命，反对革命叙事。这显然是一种学术上的不自信。刘大年没有这种困扰、担忧，他认为通过对近代中国现代化进程的研究，可以得出这样几个重要结论。

第一，中国是能够自立于世界民族之林的。近代中国没有实现西方那样的近代化，但中国凭借自己的力量打开了近代化世界的大门，而且迈出了第一步。

第二，中国将走人类文明的大道来自立于世界民族之林。中国走社会主义道路来实现近代化或者今天所说的现代化，出自历史的选择。一个有五千年文明、人口占世界五分之一的国家的人民，走在历史选定的道路上，这本身就强有力地说明，它不是与世界文明大道相悖离，而是与之相适应的。[①]

刘大年的这些看法非常重要，表明他清楚地知道中国走向近代化，就是要与世界一致，要在人类文明的大道上行走，而不是一味地去寻找独特的道路。

刘大年在晚年始终没有停止思考，没有停止创新。1996 年，他发表了一篇极具哲学意味的重要论文《照唯物论思考》。在这篇文章中，刘大年就抗日战争史研究中的一些重大理论问题提出了自己的意见，强调近代中国的历史主题就是两件事情：一是民族独立，一是争取人民民主，实现近代化。他认为，中国人民的这两个使命的形成可以上溯到孙中山的革命运动。孙中山的民族、民权、民生三大主义，可以看作是对中国革命两个任务的早期概括。民权、民生可以分开讲，也可以合起来讲，实质上要解决的是民主与国家近代化问题。[②]

这种修正或改良，是一种学术态度，是与时俱进。依据这样一种态度，"革命叙事"的另一位重要建构者胡绳在其晚年也有一系列值得注意的新思考。胡绳指出，从 1840 年鸦片战争以来，几代中国人为实现现代化理想做过哪些努力，经过怎样的过程，遇

---

① 《刘大年集》，43 页。

② 《照唯物论思考》，原载《抗日战争研究》，1996 年第 2 期；又收入《刘大年集》，220 页。

到过怎样的困难，有过什么样的分歧，什么样的争论，这些都是中国近代史需要重新研究的大题目。这些题目在过去几十年没有人研究，没有提上日程，是因为那时的中国人依然停留在阶级斗争的思维模式中，没有将建设放到国家发展这个层面去考虑。现在中国步入了改革开放新时代，与过去的情形不同了，尝试着用现代化模式叙述中国近代历史显然是很有意义的。^①

胡绳、刘大年等老一代马克思主义史学家具有宽广包容的胸怀，他们并没有认为现代化叙事是在颠覆、冲击原来的革命叙事。在他们的观念中，现代化叙事与革命叙事并行不悖，各自丰富了中国近代史的表达，而不是用一种史观替换了另一种史观。

细绎胡绳晚年关于近代中国历史的那个系列谈话，^②很明显，胡绳意识到了近代中国的历史主线就是资本主义的发展。他在分析五四后梁启超、张东荪与中国马克思主义者关于社会主义的论战时指出，几十年之后回望，梁启超、张东荪的看法更有道理，中国那时还没有条件继续社会主义革命，因为中国的资本主义始终没有发展起来，工人阶级也没有真正形成，人数极少，更没有产生阶级意识。中国所有的只是游民，失业者、无业者最多，因而生计成为最迫切的问题。因此，那时中国最迫切的问题是让多数人成为新式企业的劳动者，因而就要奖励生产，发展资本主义，解决人民生计问题，再注意分配平均问题，不能只注意分配而忘掉生产，要借资本阶级以养成劳动阶级为实行社会主义的预备。^③

---

① 《从鸦片战争到五四运动》再版序言，《近代史研究》，1996 年第 2 期。

② 《胡绳论"从五四运动到中华人民共和国成立"》，北京：社会科学文献出版社，2001 年。

③ 《胡绳论"从五四运动到中华人民共和国成立"》，4 页。

按照胡绳晚年的分析，梁启超、张东荪的看法是对的，中国没有充分的资本主义发展，就不可能有什么社会主义。所以在中国只要主张发展资本主义，都是进步的。近代中国历史的资本主义线索，也就是现代化线索。所以到了晚年，胡绳并不格外排斥现代化叙事，以为现代化叙事并非不可尝试。

承认现代化叙事也是一种叙事方式，对胡绳那一代马克思主义史学家而言确实不容易，因为由此必然涉及对一系列问题的重新思索，尤其是作为近代史主干的半殖民地半封建社会问题，都有了重新考察的可能。

重新考察当然不意味着胡绳放弃半殖民地半封建的说法，他在继续坚持这个说法的同时，承认清政府、袁世凯政府、北洋政府，乃至蒋介石、汪精卫等，都有独立或半独立的要求，都没有想过将中国变成完全意义上的殖民地。他们都曾与外国势力进行过抗争，维护主权，只是力量不敌人，有时候不得不丢掉一些权益而已。

相应地，胡绳也意识到，重新检讨半殖民地半封建社会问题，势必又牵涉帝国主义，以及近代中国与外国的真实关系。在范文澜、胡绳过去的研究中，都格外强调"帝国主义与中国政治"，强调帝国主义对中国的侵略。[①] 现在参照现代化叙事重新考虑，会发现过去的说法太绝对。近代以及近代之前的中国并不是他们过去所说的那样闭关锁国。外国资本、银行、商品、技术，都大量涌进了中国，中国的统治者包括清政府、北洋政府、国民党政府，

---

① 胡绳的成名作就是《帝国主义与中国政治》，一版再版，影响极大，现在通行版本为人民出版社1996年第七版，总印数达十几万册。

也不能说不愿开放，闭关锁国到了近代实际上也就不存在了，中国实际上成为全球资本主义市场的一个组成部分。

中国既然已经成为全球资本主义市场的一个组成部分，那么革命叙事过去所颂扬的打倒帝国主义，将帝国主义赶出中国，消灭资本主义制度等，在胡绳晚年的思考中，好像都有了新的意思。

在胡绳看来，帝国主义进来，和本国的封建势力相互勾结，是一种正常的行动，帝国主义不和当权者勾结，还能与造反者勾结吗？问题在于，帝国主义不仅给中国带来了侵略，使中国的利益受损，同时也给中国带来了技术、文明和新鲜东西，他们为了获得超额利润，总要带来一些新东西，总要使旧的状态发生某种变化，以适应自己的需要，比如推销商品、创办工厂等。19 世纪中期的洋务运动，其实就具有这样一种性质，具有既推动中国进步，又使列强从中获利的双重性。[①]

胡绳在晚年的思考中，已经认同中国必须现代化的判断，承认现代化是近代中国历史发展的一条主线，问题只在于怎样现代化，即是在帝国主义庇护下的现代化，还是首先赢得主权独立、民族独立之后自主地现代化。前者依然被胡绳视为半殖民地半封建社会的工业发展道路，后者则被定义为革命，定义为反掉封建主义、帝国主义两大势力之后的现代化。

20 世纪 80 年代，改良与革命的论争渐起。在那时，许多人鉴于现实，认为改良总比革命好，改良破坏性小，而革命破坏性大，因而不应当继续推崇革命，李泽厚等人进而提出"告别革

---

① 《胡绳论"从五四运动到中华人民共和国成立"》，10 页。

命"①。对于这些看法，胡绳认为，革命与改良在近代中国都是客观存在，当改良受挫时，方才发生革命。因此，对于革命与改良，不能脱离具体的历史条件进行抽象的价值评估。必须将每一个革命或每一个改良放到具体的历史情境中，才能弄清其价值与意义。在这次讨论中，胡绳也对过去的看法略有修正，不再完全排斥改良、改良主义的意义，承认某种时候，改良主义具有一定的进步意义，甚至在有些时候成为革命的前驱。

对于近代中国历史叙事框架能否使用现代化模式，胡绳的看法也像刘大年那样宽容和宽厚，以为将现代化作为近代中国历史演进的一个主题，并不妨碍继续使用阶级分析的方法。他相信，研究中国现代化史的学者也会在很多时候运用阶级分析的方法，以为绝对排斥这个方法，许多事情确实不那么容易解释清楚。

胡绳认为，从大历史视角观察，中国没有顺利地从封建社会转变成资本主义社会，而是沦为半殖民地半封建社会，这是中国历史的不幸。但是，在胡绳这一代马克思主义史学家看来，中国的不幸又蕴含着幸运。中国人民经过艰苦卓绝的斗争，绕开了资本主义这个阶段，开辟出了新民主主义革命道路，使社会主义的理想追求变成了现实。

中国没有走上资本主义道路，应该说有各种特殊的机缘巧合，但胡绳以为中国共产党领导中国直奔社会主义，中间还是有一个缓冲，有一个过渡阶段。这个过渡阶段，就是为了充分吸收资本主义创造的一切积极成果，使社会生产力获得高速发展。这个过渡阶段，在前是毛泽东的新民主主义；在后，是社会主义初

---

① 《告别革命》，香港天地图书公司，1995年。

级阶段。

胡绳对近代中国历史走向的重新解读，虽说并没有直接认同现代化叙事，但他毕竟承认近代中国历史，除了革命叙事，还有资本主义发展这条主线，可以尝试着"用现代化作为一个线索串起来写中国近代史"①。这个看法当然是改革开放的时代恩赐，也表明近代中国历史叙事的多元化、多样性，有了可能。这对中国来说，是一个划时代的进步，是传统革命叙事的重大改良。

① 《胡绳论"从五四运动到中华人民共和国成立"》，40 页。

《訄书》与中国史学转型

中国士大夫向来有立言传世的传统，但千百年来却没有几部精心建构体系的精致之作，更没有制造思想体系学术范式的野心和尝试，即便是学术成就斐然的大家如郑玄，如韩愈，如二程，如朱熹，他们留给后世的大都是感想和随笔，稍有建构体系野心的如刘勰、刘知几、章学诚，也不过比郑玄、韩愈等略强些，留有《文心雕龙》《史通》和《文史通义》等。直到近代，到章炳麟出，方才出现构建体系、营造范式的野心，其代表作就是那部影响深远的《訄书》。

章炳麟生于1869年，卒于1936年，浙江余杭（今杭州市余杭区）人，初名学乘，字枚叔，后因仰慕明末清初大学者顾炎武（本名顾绛），改名绛，号太炎。章氏家族经过几百年的发展，积累了一定的家业，所以章炳麟在童年过着比较优越的生活，接受过良好的教育。他的外祖父引领他阅读传统典籍，后因其患有癫痫而与科举考试绝缘，得以自由阅读，较之同时代整天忙于科举考试的同龄人，无疑学到了许多不一样的东西，这对他后来的学术发展意义巨大。

稍后，学有所成的章炳麟遵从乃父遗命，拜大学问家俞樾为师，入诂经精舍，在那里他又潜心攻读了七八年之久，等到1897年离开诂经精舍步入社会，二十八岁的章炳麟，已经实打实地下过二十多年苦功夫，而且不带任何功利目的，这是同时代乃至其他时代学者都很难做到的。

由于在诂经精舍的日子里就与东南半壁学术界多有交往，结识了一批学术界大佬或新秀，章炳麟的学问和见识也在业内早有传闻，所以他步入江湖的第一站，就是到梁启超主持的《时务报》做编辑，这是那个时代的"新青年"比较向往比较羡慕的。

在《时务报》，章炳麟结识了康有为、梁启超、黄遵宪等一大批维新志士，他的才华也受到许多维新志士的欣赏与推崇，只是章炳麟性格太孤僻，他实在看不惯康有为摆谱以圣人自居，看不惯康门弟子阿谀奉承低三下四，为此他与康门弟子闹得不可开交，甚至不惜借着酒劲儿发生肢体冲突。

《时务报》的编辑生涯很快就结束了，此后几年，章炳麟辗转武昌、杭州和上海，先后在一些新式团体或新式报刊中任职，传播新思想新学术，俨然成了维新时代的思想家和新派学者。

孤僻的个性和学问上的自负使章炳麟无法与同侪普通友好相处，只有几个高度宽容的朋友能容忍他的独特个性，章炳麟在很多时候其实很孤独。当然，由于他的个性和足以自负的学问，特别是他毕竟得过癫痫病，因而许多人对他的怪异言行见怪不怪，不过冷嘲其为"章疯子"而已，大多时候彼此相安无事。

章炳麟只是在行为上显得疯癫，在思想上在学问上，章炳麟确实毫不让人。在那几年，章炳麟在与各方激烈争辩争斗的同时也潜心写作，一大批有洞见有学问根基的论文先后在《时务报》《经世报》《译书公会报》等处发表，在它们的基础上后来编成《訄书》。

《訄书》就是一部论文集，只是这部论文集比较别致，从结集之初就考虑到结构，考虑到了体系。这个集子的形成过程相当漫长，如果从1897年章炳麟踏进《时务报》报馆算起，至1916年前将《訄书》改编成《检论》，经过了将近二十年。二十年中有1900年时的木刻初刊本，稍后又有手校本，1904年在日本出版铅字排版的重印本。至《检论》全面写定时，中间所收篇目，乃至各个篇目的具体内容甚至文字，都有大幅调整或改动。这个过程过去被研究者视为"从《訄书》到《检论》"的一个复杂的结集过程，强调其间隐含着非常复杂的思想演变轨迹。

《訄书》初刊本问世的时候，正是中国政治局面急剧动荡的一个非常时期。1895年开始的维新运动，到1898年的政治变革时达到顶峰，但是稍后就发生了康有为、梁启超、谭嗣同等人谋划用武力挟持慈禧皇太后向光绪帝让权的事情。这个计划不慎败露，康有为、梁启超等人流亡海外，谭嗣同、康广仁等六君子被杀。这个故事的真相在当时其实是很清楚的，但由于康梁等人是以改革者的面貌出现，而清廷因为甲午战败而陷入舆论困境，现在又因权力冲突杀死六君子，因而维新志士自然占据了道德高地。

关于清廷的内幕新闻，章炳麟究竟知道多少是很值得怀疑的。但经过1898年秋天的政治大逆转，章炳麟暂时放弃了与康有为、梁启超的政治分歧，以同情的态度批判清廷，尤其是批判慈禧皇太后。他接受康有为的想象，以为那位可怜的小皇帝可能还是不错的，值得利用，建议将光绪帝视为中国的"客帝"，不要太折腾中国的政治架构，让中国平稳过渡到一个新的政治形态。

章炳麟的"客帝"说只是一种说法，也是他那时还没有走上革命排满之路的象征，只是他抱有期待的"客帝"即那个小皇帝在经过1898年秋天那场未遂政变之后真的病倒了，此后一年，中国政治进入了一个非常麻烦的动荡期。就在这个动荡期，章炳麟整理出版了他的第一部作品《訄书》。所谓"訄"，就是不得不说的意思。可见章炳麟对这本小册子是何等自负。

《訄书》初版本由梁启超题写书名，由此可知章炳麟虽然先前与康门弟子有冲突，但与梁启超还没有闹翻，或者因1898年的中国故事而再度成为朋友。这个初版本列目五十篇，最早的《明独》写于1894年，最迟的写在出版前。五十篇作品中的《儒墨》《儒道》《儒法》《儒侠》《民数》《平等难》《喻侈靡》《东方盛衰》《蒙古盛衰》《客帝》等十一篇曾经在《实学报》《译书公会报》《经世报》《昌言报》《清议报》上发表，只是在辑入《訄书》时又作了一些修改，大致为文字润饰、译名改写、增补新资料等。

初版本的印数不会太多，但不久又出了一个增补本。这个增补本对原有五十篇未作删改，只是在书末以"訄书补佚"的形式增加了《辨士》和《学隐》两篇文章。这两篇不见于目录，其页码也与全书不连贯。

从思想脉络看，《訄书》初版本表明章炳麟的思想还处在与"尊清者游"的状态，尽管发生了1898年的政治逆转，章炳麟的思想好像还停留在维新时代，他在初版本中保留《客帝》等作品，表明他这个时候还没有生出排满革命的思想。

思想家的思想有时走在时代前列，更多时候其实就是时代的反映，尽管他了解的事件真相并不一定准确，但思想的变化很多时候都在政治变动、社会变化的后面。章炳麟在 1898 年及之后很长一段时间，绝对相信康有为、梁启超对政治逆转的一般判断，以为这场逆转的根本原因就是清廷内部慈禧太后不满意于光绪帝的独断专行，于是在 1898 年之后，皇太后总想着废黜光绪帝，重立新帝。1899 年的大阿哥事件，其实就是慈禧太后将这个想法转为政治实践。

其实，这些想象是不对的。一百年后重新翻检当年的记录，小皇帝在那一年确实病了，在此后一年间清廷高层鉴于光绪帝的病情，鉴于光绪帝已经不能生育的事实，开始为他寻找继承人，至少可以让他在光绪帝病重的时候替代出席一些礼仪性的活动。这就是"己亥立储"，也就是通常所说的"大阿哥事件"。

客观地说，为光绪帝寻找一个继承人慢慢培养，即便这个大阿哥将来接班，也没有什么大不了的事情，这不仅是因为光绪帝总会生病总会老去，而且光绪帝不能生育，必须培养接班人，怎么说这都是一种正常行动。然而在那个特殊的年代，朝野之间缺乏起码的信任，外国人也不明底里，再加上皇族内部权力分配不均，比如主管外交事务的皇族庆亲王奕劻似乎对于皇族会议选择了端王的后人心有不满。于是乎，内部纷争闹成了外部冲突，原本只是民间活动的义和拳、大刀会等被利用，中国政府与外国之间的冲突也在升级在恶化，终于演化成 1900 年的义和团战争。

在这场因内政而引发的外部冲突中，章炳麟并没有闲着。他先是与孙中山等人一样，想到策动两广总督、汉人高官李鸿章反正，重建汉族人的国家。当这个希望近乎破灭之后，章炳麟又和容闳、严复、唐才常等人在上海成立"中国国会"，继而剪下象征是清朝顺民的辫子，由与"尊清者游"走上排满革命，正式与孙中山等革命党人建立联系。至此，章炳麟的思想发生了剧烈变动，这很快在《訄书》修订本上有所反映。

《訄书》修订本的整理出版时间还有争论，但确定在与邹容结为兄弟之后应该没有问题，因为这个新版本不仅在篇目上有很大调整，而且封面题字者也由梁启超换成了邹容。

这个新版本有"前录"两篇，一篇是《客帝匡谬》，另一篇为《分镇匡谬》，表明章炳麟已经正式放弃"客帝"思想，不再认清廷为合法政府，也同时放弃了对汉族高官特别是地方督抚大员走上地方自治的期待，不再对清廷抱有任何幻想。

除两篇《匡谬》外，修订本收录作品六十三篇，对初版本的篇目有保留，有调整，也有增补。大致上说，《訄书》修订本更多地强调了学术性和经典性，呈现出构建独特学术体系的努力和尝试，这对中国传统学术特别是史学的转型起到了非常重要的作用，有着重要启示。

我们现在不太清楚章炳麟的外语能力，尽管他也曾与他人合作翻译过一些东西学作品，比如《社会学》，但肯定没有办法与曾留学西洋的严复比，不过值得注意的是，章炳麟对东西学的理解似乎不在严复之下，他和严复、梁启超等人在这方面大约不相上下。但是如果将他们放在中国学术传统转型这个学术脉络中进行考察，我们不难发现章炳麟的贡献远在康有为、严复及梁启超之上。

章炳麟将他所理解的东西学具体运用到了中国学术的整理上，并由此建构了中国现代学术的新体系，他既是传统中国学术的终结者，又是现代中国学术成立的开启者，他不是像严复那样将西方思想文化一般性地传入中国进行鼓吹，而是将这些西方的理论运用到对中国学术的具体分析重新解读上。《訄书》中的许多篇章，比如《原变》《原人》《族制》《公言》《颜学》《王学》《订实知》等，虽然讨论的问题还是传统中国学术的旧问题，但由于章炳麟将达尔文的进化论、生存竞争等理论不动声色地运用到了里面，因而他在这些篇章中得出了与传统解读很不一样的结论，对新史学的发生具有重要启导意义。

按照章炳麟的解读，包括人类在内的一切生物都是由微生物进化而来的，进化的动力就是生存竞争，这种竞争既有生物与环境之间的竞争，也有物种与物种之间的竞争。人与其他物种的差别在于人能群，即能够组成社会，因而人类能够在各种生物竞争中脱颖而出，成为万物之灵。章炳麟的这些解读除了受达尔文的影响外，很明显也具有荀子、韩非等中国古典思想的印痕，所以比较容易被新知识分子所接受。这对于重建中国历史解释体系至关重要。

章炳麟对中国史学转型的另一个贡献就是为重新评价中国历史与人物树立了一个新的标准，这个标准既不是中国史学的正统与异端，也不是简单照搬西方现代价值理念，而是一种更加实在的情理分析。这是《訄书》对后来新史学的深刻影响之一。比如在对儒家以及孔子等人思想价值的分析方面，章炳麟在《订孔》《原学》《学变》等篇中，将孔子视为古代中国的一个大历史学家，以为孔子对中国文明的巨大贡献不是什么先圣、什么至圣，而是整理了《春秋》，启发了诸子，既保存传播了古代文化，也为后世思想的开启准备了一定的条件。由此，章炳麟又对儒家之外的墨家、道家、法家、名家、兵家、游侠等进行系统研究和阐释，重新建构了一个具有现代特征的中国思想史脉络，胡适的《中国名学史》《中国哲学史》以及随后的各种思想史、哲学史，其实都带有很明显的章炳麟思想印痕，都或多或少与《訄书》中的诸多篇章有着直接或间接的关联。所以如果说胡适等人的中国哲学、思想研究具有现代史学典范意义的话，那么这个典范的起点其实应该从《訄书》中去寻找。

在现代中国新史学构建方面，《訄书》还有一个重要示范，就是将西方刚刚兴起不久的文化人类学理念运用到中国史学研究上，从体制、方法等方面彻底改变了传统史学叙事、资政的简单功能。在《訄书》的许多篇中，比如《序种姓》《族制》《方言》《订文》等，作者运用文化人类学方法详尽考察了各个种族之间的差异及其各自的历史脉络，明确提出了"历史民族"的范畴，这不仅对于现代民族国家的构建起到了积极影响，而且极大丰富了中国历史学的研究方法和表达方法，历史不再只是帝王将相家谱和英雄事迹，同时也是一个民族共同体逐渐成长的过程，从那里可以看到民风、民俗、社会教化的演化，可以体会一个种族或者一个民族的智慧甚至是体能、体制方面的变化。章炳麟在《訄书》中的这些研究或许还非常幼稚或浅薄，但无疑为后来的中国史学开启了新通途。

《訄书》在现代中国学术特别是新史学建立方面贡献巨大，其及门弟子黄侃、朱希祖、钱玄同、吴承仕，以及三代弟子范文澜、周予同等，其实都是参照章炳麟的《訄书》构建了各自的学术体系，只是由于《訄书》文字太过古奥，晦涩难懂，除了章门弟子口耳相传而能深得要旨外，别人很难弄清《訄书》的价值和意义，更没有办法像胡适等新派学者那样聪明地利用这笔学术资源。

《清代学术概论》说了什么？

1916年袁世凯帝制自为失败后，民国重建，但许多先前热衷于现实政治的政治家、军事家从此开始有点偃武修文的意思，不再以职业政治为诉求，转而愿意从文化上探究中国问题的根源。在这个思潮中，一个最典型的例子，就是近代中国与蔡锷齐名的军事家蒋方震即蒋百里也不再眷恋忘情于政治军事，从1918年开始，追随梁启超前往欧洲考察第一次世界大战，当然也有从民间立场就近观察巴黎和会的意思。

欧洲考察和旅行很快结束了，梁启超、蒋方震一行于1920年春天赶回国内。此时正值五四爱国运动之后，新文化运动风起云涌，向纵深发展。梁启超有感于欧洲文艺复兴对欧洲文明发展的影响，也下了最大决心退出现实政治，全力从事文化学术。

梁启超的动向获得包括蒋方震在内的一批友朋支持，也就是在这样的文化背景下，蒋方震将欧洲考察的成果写成了一本《欧洲文艺复兴史》，系统向国人介绍意大利、法国、北欧的文艺复兴、宗教改革等，企图从欧洲的历史文明进程中寻找中国文化复兴的借鉴。

蒋方震的《欧洲文艺复兴史》成稿后，恭请梁启超为之作序。梁启超下笔感情充沛，竟然在不知不觉中写了五万多字，其字数与蒋方震的《欧洲文艺复兴史》原书大致相等。这篇文章如果继续作为序言显然有点不太合适，于是梁启超另作短文为序，而这篇长序再经改写充实，就是我们要说的《清代学术概论》。反过来，梁启超再请蒋方震为《清代学术概论》作序，这也算是民国学术史上一个有趣的故事。

这本后来被命名为《清代学术概论》的书，原题为《前清一代中国思想界之蜕变》，完稿之后在梁启超和蒋方震主编的《改造》杂志上连载。稍后交给商务印书馆出版单行本，时间已在1921年初。

《清代学术概论》虽然篇幅不大，但涉及面很广，但凡清代学术史上的经学、哲学、史学、考古学、边疆史地学、地理学、金石学、文献学、佛学、历法、数学等，都被梁启超有机编织在一起，构成了一幅多彩多姿的清代学术画卷。它大气磅礴，逻辑清晰，被后世研究者奉为清学表达范式的典范，是近代中国学术史上的一件不可多得的珍品。

就学术理路而言，梁启超将清代三百年学术视为中国的文艺复兴，这一点对于当时及后世影响很大，胡适等人在此前后也从这个意义上立论，他们都是希望从清代学术中寻找到与西方文明相结合的契机，或者如胡适所说的同构关系。后来的研究者普遍承认，梁启超、胡适等人的这个看法意义深远，不仅从学术发展的脉络上为清代学术定位，而且为新文化运动发掘了一个非常重要的思想学术资源，对于现代中国的思想启蒙和新文化运动健康发展提供了一个学术上的凭借。

在这部文字不多的著述中，梁启超将清代学术思潮的变迁分成三个不同的时段，由于他在刻意寻找文艺复兴的因子，因而这本书又比较看重他所说的"科学精神"。梁启超认为，清代学者具有西方意义上的科学精神，这个精神就是清代学者从顾炎武以来一直提及的"经世致用"，还有就是乾嘉汉学家经常提及的"实事求是"。经世致用、实事求是究竟在多大程度上与西方的科学精神具有相似或同构关系还可以再研究，然而必须承认梁启超的这个揭示在新文化运动正在进行的时候，具有非常重要的意义，因为新文化运动毕竟没有对传统一概否定，对清学史的重新解读无疑有助于重建中国人的文化信心。

根据蒋方震为《清代学术概论》所作的序言，蒋方震在《欧洲文艺复兴史》中曾将欧洲文艺复兴的基本思路概括为由复古而得解放，由主观之演绎进而为客观之归纳。梁启超由蒋方震对欧洲文艺复兴的归纳反观清代学术，不期然意识到清代学术与欧洲文艺复兴似乎走着同样的路线，同样是以复古而得解放，由主观演绎进而为客观归纳，这就是一种与西方近代科学精神非常相近或相似的东西，梁启超在这本书中认为这就是中国的文艺复兴。

蒋方震对欧洲文艺复兴的研究无疑启发了梁启超，不过值得注意的是，梁启超对清代学术史其实也早就有着自己的观察。我们知道，梁启超不仅是近代中国重要的思想家，而且他本人就是晚清思想史上的重要人物，所以他在很多年之前就对中国学术史特别是晚近学术史有所研究有所心得，至少在他1902年所作的《论中国学术思想变迁之大势》一书中，就辟有专章讨论清代学术，据他自己后来说，他对清代学术的基本看法在那时就大致定型了。

梁启超的这个说法大致是对的，只是如果从更严格的学术源流上说，梁启超对清代学术的看法既有从其老师康有为那里传承的一些东西，也有他的同时代人，也是他一度好友章炳麟的深刻影响，甚至有些内容就直接来自章炳麟的启示，根据周予同的提示和朱维铮的研究，梁启超对清代学术的许多看法，其直接来源可能就是章炳麟的《清儒》。

章炳麟的《清儒》只是《訄书》重订本的第十二篇，这个重订本于1904年首刊于日本东京，由此朱维铮在《清代学术概论导读》中怀疑梁启超可能和乃师康有为一样，是将《论中国学术思想变迁之大势》的实际写作时间或发表时间向后"倒填"，以争"论清代学术"的首创权。

周予同的提示是对的，因为按照朱维铮的揭示，梁启超的《论中国学术思想变迁之大势》共九章，第一至第七章确实发表于1902年的《新民丛报》，不过到了是年底，这个连载发表到第七章的时候就中断了，原因或许与梁启超前往美洲有关，直至1904年5月梁启超重回日本，方才在《新民丛报》上继续发表《论中国学术思想变迁之大势》之第八、第九章。这两章的写作时间与前面七章相距一年半，甚至连标题都改成了《近世之学术（起明亡以迄今日）》。

按照周予同、朱维铮的说法，梁启超有关清学史的看法得自章炳麟的启示，而按照梁启超自己的说法，他对清代学术形成一套完整看法可能比章炳麟还要早一些。这种首创权官司是一宗无法判定是非的案子，各说各有理，因为我们实在没有足够的证据证明梁启超绝对不可能在 1902 年就写好了这两章后发的稿子。标题的改动可能是在两年后，但内文为什么不可以在 1902 年出游美洲前写好呢？

从思想史学术史的层面看，这些首创权的争论意义不大。他们可以有学术上的传承思想上的相互或单向启迪，他们也可以独立地发现同一个道理。这种可能性都会真实存在着，这也没有什么不可理解。他们的贡献依然能够分出高下分出优劣，因为除非抄袭，他们的表达或所要表达的思想不可能完全一致。

在《清儒》这篇经典文献中，章炳麟运用达尔文社会进化理论对有清两百多年的学术史进行了系统梳理，以为中国古人有关儒家经学的许多解释，其实从历史学的立场看就是记录历史，分析历史。只是在清代学术成型前，中国学者在很长一个时间段丢弃或者说忘记了这个优良传统，方才将儒家那几部据说经过孔子整理的经典当作神圣不可侵犯的东西，只能膜拜不需怀疑。这其实是不对的。章炳麟指出，直至乾嘉诸老出，他们将先前千余年被陋儒俗儒颠覆了的历史重新安置，恢复了儒家六经在历史上的真实地位，将这些经典视为中国历史的原材料——六经皆史，所以清代学术在这个时候终于放出时代光彩。

按照章炳麟在《清儒》中的叙述，乾嘉汉学是中国学术史上的一个高峰，但乾嘉汉学质朴的平实的考证学风格很不合乎另外一些以性命道理为追求的士大夫口味，于是到了乾嘉汉学走上巅峰的时候，另外一派不一样的学术也出现了，他们借用宋明理学道学的概念和体系，不遗余力地攻击乾嘉汉学为饾饤琐碎之学，无助于社会发展，只是一种艺术性的雕虫小技。这就是桐城派，就是常州学派。紧接着，按照正反合的发展规律，又有调和乾嘉汉学与桐城派、常州学派的新学术流派出现。这就是章炳麟给我们描绘的清代学术全景图。

与章炳麟的叙事框架稍有不同，梁启超在《清代学术概论》一书中刻意凸显"时代思潮"这一主线，以为清代学术其实只是中国学术史上一个被时代促成的思潮，就像历史上的经学、佛学、理学一样，必有其生、住、异、灭的全过程，所以梁启超在讨论清学历史时，并没有像章炳麟那样建构清学的历史，而是按照自己的理解，根据生住异灭四步骤，重构清学的启蒙期、全盛期、蜕分期和衰落期，由此展示清代学术的全过程。这四个阶段的描述虽然与章炳麟的描述有相像的部分，但我们应该相信那是因为历史就是如此，并不意味着梁启超在理念上、分期上沿袭了或者说暗袭了章炳麟的判断。

关于启蒙期，梁启超说，启蒙期就是对先前旧思潮初起的反动。旧思潮经全盛之后，也就血液凝固淤积，则反动不得不起。所谓思潮的反动，其实就是对旧思潮的批判，就是追求一个新思潮。只是建设的前提是必须对旧思潮有所批判有所破坏，所以此时期的重要人物，其精力其贡献显得不是在创造在建设而是在破坏。只是破坏之中也蕴涵着建设的种子，只是这些种子还没有生根没有开花结果而已。所以梁启超在《清代学术概论》中认为，清初学术不仅是对明代王阳明心学、程朱理学有批判，即便在新学术的建构上也有相当贡献，只是尚未成型无法构成规模而已。实事求是地说，梁启超的这个分析或许有着章炳麟思想的影响，但显然较章炳麟的分析更周密更具体。

按照梁启超的说法，清代学术启蒙期的代表人物有顾炎武、胡渭、阎若璩。其时正值晚明王学极盛而敝之后，学者习于束书

58

不观，游谈无根，理学家所讲的那些道理已经无法维系社会信仰，所以顾炎武等人起而矫正，大力倡导"舍经学无理学"，劝说人们特别是学者应该脱离宋明儒学的羁绊，直接反求于儒家古代典籍，而不是继续抱持宋明儒者的解释。

顾炎武的呼吁是一种正面倡导，而阎若璩和胡渭则是从相反的方面揭露了宋明理学所赖以存在的经典可能存在着相当的问题。阎若璩以求真的理念对儒家经典进行辨伪考订，而胡渭则竭力攻击宋明理学家推崇的什么河图、洛书其实只是来自道家道教的一些胡说八道，并不是儒学正宗。按照这个思路，再经颜元、李塨、黄宗羲、万斯同、王锡阐、梅文鼎等分别从日常伦理、经世致用、研究方法等各个层面继续阐发，逐步形成了清初学术史上一个以启蒙为特征的学术奇观，使旧的宋明理学由盛而衰，逐渐退出。

启蒙期是对先前旧思潮的批判，是为全盛期作准备，按照梁启超的演绎，破坏事业告终，旧思潮屏息慑服，而先前所播下的新思潮种子终于有机会生根开花结果，终于为中国学术为清代学术迎来一个全盛期。在这个全盛期，思想内容日以充实，研究方法亦日以缜密，门户堂奥次第建树、继长增高，一世才智之士以此为好尚，大家相与淬厉精进，终于营造了一代学术高峰。梁启超在这里所描述的清代学术高峰，当然也就是章炳麟甚至是所有清学研究者的共识，即乾嘉诸老所开创建构的新学术。

全盛期的学术领袖当然是惠栋、戴震、段玉裁、王念孙、王引之等人。这些人被梁启超称为正统派。正统派与前期启蒙派有同有异，他们一方面默认启蒙派对宋明理学的攻击，但又将宋明理学实际上置于不议不论的地位；另一方面，启蒙派抱持通经致用的理念看待新学术，而到了全盛期，这些正统派代表人物则不再刻意强调致用，只是在默默地为考证而考证，为经学而治经学，没有了致用，也就少了功利，将学术完全变成了一种爱好、一种艺术、一种享受。这是正统派对中国学术的大贡献，也就是中国学术素来强调而很难有人做到的"无用之用"。

乾嘉汉学发展到晚期，如同一切学术一样，又进入一个蜕变的阶段。梁启超在《清代学术概论》中说，由于境界国土被前期学术界大佬开辟殆尽，在旧有基础上很难再有什么斩获。怎么办呢？于是聪明的学者只能就局部问题做窄而深的研究，或取前辈的学术方法应用于某一方面，于是乾嘉汉学由此分化，派中小派由此出焉。这即是佛家所谓的"异"，也就是乾嘉汉学晚期分歧、颓废，令人生厌的一种真实写照。

根据梁启超在这本书中的分析，当正统派全盛时，学者以专经为尚，人抱一经，家传一学，其实也衍生出许多新问题新弊病，于是有庄存与、刘逢禄、龚自珍等人出，力图博采众家，矫正正统派弊病。至康有为，更是综合各家之说，严画古今分野，以为凡东汉晚出之古文经传，都是刘歆所伪造。于是正统派所尊崇所仰赖的学术依据，如许慎、郑玄等人的东汉古文学术，在康有为笔下皆成了伪史成了伪书。由此，康有为将以复古求革新的文艺启蒙运动发挥到了极致。他绕开东汉，回到西汉，既宗董仲舒张扬的《公羊》学，又从董仲舒的启示倡说孔子改制，以为六经皆孔子所作，尧舜皆孔子依托，而先秦诸子亦无不以托古改制为基本手法。康有为重构了清学史框架，不论这个框架是对是错，但毫无疑问都是对乾嘉汉学正统派的颠覆，是对庄存与等常州学派的张扬。只是这一流派借经术以文饰政论，既失传统学者为学术而学术的精神，也使学统、政统在那个特殊年代发生了许多问题。

蜕变当然还不意味着结束，只有到了灭的阶段，一代学术才能寿终正寝，进入历史。这就是梁启超《清代学术概论》所分析的衰落期。在衰落期，支派分裂，相互倾轧，益自暴露其缺点，这个既成的学术架构既然无法满足社会的需求，于是新的学术思潮又开始从潜流向明流演化，新出的豪杰英雄欲创新必先推旧，学术思潮重又回到一个新的历史循环中。

梁启超重构的清学史叙事框架或许并不是历史真实，但显然他与章炳麟的叙事有差距，而且更值得注意的是，梁启超《清代学术概论》出，中外学者再讨论清代学术，无论如何都很难溢出梁启超在这本小册子中所划定的范围，《清代学术概论》构建了清学史的叙事框架，确立了清学史的表达范式，这或许就是这本小书的大意义。

蒋廷黻与中国近代史叙事

正像许多研究者所意识到的那样，近代中国的所有问题都是因为中西交通而引起，假如没有西方人东来，没有鸦片贸易，就不会有鸦片战争，不会有后来的变化，中国还会在原来的轨道上稳步发展，中国人还会享有日出而作日落而息令西方人羡慕的田园生活，恬静而优雅。然而，都是因为西方人的东来，中国的一切都发生了改变。

对于近代中国的改变究竟应该怎样看，这种改变对于中国来说究竟是好还是坏？一百多年来，史学家存在各种各样的议论，相当一部分人认为西方人的东来就是殖民就是侵略，就是对中国的伤害。然而也有一部分史学家不这样认为，他们从世界史、全球史的视角，从人民本位的立场上提出了截然不同甚至根本相反的看法，建构了一个完全不同的解释体系和叙事框架。其中最著名的开山者莫过于蒋廷黻。

蒋廷黻生于 1895 年，那一年为甲午战后第一年，也是《马关条约》签署的年份。蒋廷黻出生于湖南邵阳一个农民家庭，家境并不太坏，因而小时候有条件接受了几年私塾教育，打下了一些旧学的基础。十岁的时候，蒋廷黻离开家乡前往长沙接受新式教育，入明德小学。稍后又转入美国基督教长老会在长沙创办的益智学堂，开始接受比较西方化的近代科学教育。

1911 年，也就是辛亥革命那一年，蒋廷黻接受美国教会的资助，前往美国留学，先后就读于派克学院、奥柏林学院和哥伦比亚大学研究院，主修历史，兼修自然科学和社会科学的一般课程。

当蒋廷黻在美国留学的时候，正值中国政治急剧变动，对于故国的每一个政治变动，人文科学出身的青年学子蒋廷黻都格外关注，也试图从历史上去说明这些变动背后的深层原因，希望将来有一天学成归国能够有机会从事现实政治，创造历史。所以他在大量阅读中外历史著作时，格外重视德国和意大利的历史，对这两个国家的杰出政治家俾斯麦、加富尔、马志尼等人的政治经历和政治思想也高度重视，他真诚期待中国能够出现这样的政治家，能够有力地带领中国走出中世纪，建设一个富强、文明、民主的新国家。

在美国读书的十几年，国际形势也在急剧变化着。蒋廷黻经历了第一次世界大战的全部过程。战争爆发后，蒋廷黻坚定地站在协约国方面，相信国际正义一定能够战胜国际邪恶，相信中国如果能够很好地把握住这个历史机遇，就一定会改变先前在国际社会中的地位，坦然步入世界民族之林。

蒋廷黻在美国的导师是卡尔顿·海斯教授。海斯是当时著名的政治社会史专家，是新史学开山祖师詹姆斯·鲁滨逊的弟子。鲁滨逊在哥伦比亚大学执教数十年，培养了一大批弟子，这个学术流派以实证主义哲学为思想基础，格外强调历史学的社会功能和实际应用价值。他们对旧史学给予严厉批评，以为旧史学只是一种狭义的政治史叙事，缺少对与政治相关的经济、地理、文化诸要素的综合分析，缺少与其他相关学科的综合研究。新史学之新就在于综合，在于以达尔文的社会进化论观点去分析综合的复杂的历史现象。新史学公开宣称历史学的目的并不在于记录历史，而在于参与历史的创造，在于通过历史了解过去、服务现在、预知未来。凡此，都对蒋廷黻史学思想的形成产生重大影响。

十多年的留学生涯仿佛一晃就过。1923年，二十八岁的蒋廷黻获得了博士学位，他的博士论文题目是《劳工与帝国——关于英国工党特别是工党国会议员对于1880年以后英国帝国主义的反应的研究》。

年轻的蒋廷黻双喜临门，那一年除了获得博士学位外，还与留学生唐玉瑞结了婚。新婚不久，蒋廷黻携带新娘漂洋过海返回祖国，迅即出任南开大学历史学教授。

在南开任教之余，蒋廷黻继续他在哥大已经开始的中国近代外交史研究，而且利用便捷的条件，将研究重心放在中国文献的搜集鉴别和整理上。这项研究不仅填补了中国史的空白，而且为中国史学进步提供了一些新的方法或范式。

南开六年，蒋廷黻在中国史学界崭露头角。1929年秋季，蒋廷黻应罗家伦校长的聘请，出任清华大学历史系主任。这是蒋廷黻事业的真正开始，他参照美国的大学制度对历史系进行全面改造，不仅注重课程设置，而且注意人才引进，很快配置了当时国内大学历史系的顶级阵容：主讲中国通史和古代史的是雷海宗，主讲隋唐史的是陈寅恪，主讲蒙元史的是姚从吾、邵循正，主讲明史的是吴晗，主讲清史的是萧一山，而蒋廷黻自己则主讲中国近代史和外交史。

主持清华历史系为蒋廷黻提供了一个良好的工作平台，在这个平台上，他个人的研究也有很大推进。他继续在南开时已经开始的工作，并逐步扩大近代史、近代外交史资料的搜集领域，完成《近代中国外交史资料辑要》两卷，上卷从1822年开始至1861年，中卷自1861年至1895年，两卷共辑录重要外交文献近千篇，是到那时为止最全、选材最精良、篇幅也最大的中国近代外交史料汇编。

蒋廷黻的学术目标当然不是编辑一套外交史料，而是推进自己的研究。他在搜集这些资料的同时，也相继写作发表了一批有关中国近代史、外交史的论文，特别是对鸦片战争展开研究，那不仅是中国近代史的开端，也是中国真正与外国发生外交关系的开始。

在1931年发表的《琦善与鸦片战争》一文中，蒋廷黻根据大量无可争辩的史料颠覆了林则徐的英雄形象，再现了琦善在鸦片战争中的作为及其意义。蒋廷黻指出，琦善受命前往广东后并没有撤防，在军事准备方面无可称赞，好像也应该无可指责。至于在外交方面，琦善的做法不仅毫无过错，而且实在是超越时代、超越其他所有人，因为他审时度势看清了中英两国的强与弱，权衡了利害轻重而做出一个高度理性的选择。

但是，蒋廷黻认为，琦善的理性选择使他个人蒙羞，成为国人痛恨的不抵抗范本或卖国贼，实在说来琦善的这个理性举动又使中国错过了至少二十年的进步机会，因为如果按照林则徐的部署和预案，而不是用琦善取代林则徐，那么中英之间必大战，战则必败，败则中国必速和，速和不仅可使中国的损失大幅减少，而且可以使中国的维新提前至少二十年。至于林则徐个人，也必然因大战大败而身败名裂。所以蒋廷黻推论，清廷罢免了林则徐，实在是最大限度地成全了林则徐的一世英名，是林则徐的终身大幸事，但对于中国的国运来说，林则徐的去职实在是大不幸。

蒋廷黻的观点今天看来并不算什么，历史悖论几乎从来如此，但这篇文章在当年一石激起千层浪，引发了知识界对抵抗、妥协究竟孰利孰弊的争论。联想到1931年中国政治中国外交的现实背景，蒋廷黻的这些看法更容易在知识界引起巨大回响。

外交史的研究特别是研究成果在现实政治中获得的巨大回响激发了蒋廷黻浓厚的研究兴致，使他觉得有必要运用一种全新视角和观点回望近代以来的中国历史，他发誓用十年工夫去写作一部《中国近代史》，然而由于时局急剧变化，他的这个计划很快被中日战争所打乱。

随后几年，蒋廷黻被政府征调从政，先后担任行政院政务处长、驻苏联大使等，这个计划就被一拖再拖，甚至有泡汤的危险。1938年春，蒋廷黻结束了驻苏大使的两年任期，在那还没有新的任职安排的空档中，写作一部《中国近代史》的念头又急剧萌生。

蒋廷黻那时住在汉口，身边并没有多少图书，但是他的写作念头越来越强烈，所以他决定即便没有参考文献，也要为自己这些年对中国近代史的观感作一个简略的初步报告。这就是我们现在所看到的这部《中国近代史》的来历。

经过大约两个月的时间，蒋廷黻的《中国近代史》就大致完成了，很快交给陶希圣、吴景超、陈之迈等人主持的艺文研究会，作为《艺文丛书》的一种在同年出版。

在这部篇幅不大的《中国近代史》中，蒋廷黻为我们大致描绘了近代中国的一个基本走向。他认为，近代中国不管面对多少困难与问题，但走向世界，不断拉近中国与世界之间的差距，始终是近代中国史的主题。蒋廷黻指出，中国在过去或许确实有着自己漫长的历史传统，但是到了近代，中国错过了工业革命、错过了启蒙运动，中国不是近代世界规则的制定者，只是世界一体化过程中的迟到者，因而中国在发展过程中不是要挑战世界已有规则，更不能对这些规则加以非理性主义的冲撞或鲁莽颟顸式的摧毁，而是应该引导国民尽快接受尽快适应这些国际规则，和其他民族国家一起发展、一起进步。

蒋廷黻的《中国近代史》篇幅不大，但由于观点鲜明、立论平实、论证严密、逻辑清晰，因而在 1949 年前的中国近代史学界受到普遍重视，是那时大学历史系使用最广的教材，即便今天读来，依然有一股清风扑面的感觉，有大梦初醒般的震动。蒋廷黻和他的《中国近代史》在 1949 年之后很长一段时间不被提及，但在过去三十年，这本书再度成为近代史的一本重要入门书，有数不清的版本，最好找。

沿着近代中国所走过的道路，蒋廷黻在这部《中国近代史》中用四章分别描述了近代中国救亡图强的四个选择，重构了近代中国历史画卷。

在第一章《剿夷与抚夷》中，作者分七节讲述了中国自古以来的贸易制度，分析中国没有在工业革命、大航路发现后跟上世界步伐的根本原因。作者认为，中国那时不感觉有联络外邦的必要，并且外夷不知廉耻礼仪，与他们往来有什么好处呢？外夷贪利而来，天朝施恩给他们，许他们在广州一口有序有限经商做买卖，这已经很给他们面子了。假如他们还不安分，那么天朝就要剿夷了。那时的中国以天朝上国自居，不知道有外交，不知道近代国家关系，只知道剿夷与抚夷。于是，中国错过了马戛尔尼来华时重构近代国家关系的机会，由此引发鸦片贸易，又因鸦片引发战争，中国由此又白白错过了二十年发展机遇。直到在第二次鸦片战争中被打败，才有人认识到时代已经不同而思改革。

蒋廷黻认为，中国在道光、咸丰年间遭遇西方人的攻击是不可避免的，因为我们无法阻止西洋科学和技术势力东来。不过，中国也可以在这个被打的过程中转祸为福，只要中国人大胆地接受西洋近代文化。以我们的人力物力，倘若接受了科学机械和民族精神，我们可以与别国并驾齐驱，在国际生活中取得极光荣的地位。可是那个时代的中国人没有这样想这样做，这除了认识见解的原因，蒋廷黻认为可能还与那时中国政治上的全面腐败有关联。所以在第二章，蒋廷黻以《洪秀全与曾国藩》为题讲内忧内患，批评洪秀全的真实心志不在建设新国家或新社会，而在建设新王朝。因此这样的领袖不但不能复兴民族，而且不能成为部下的团结中心，所以遇到曾国藩的湘军，洪秀全所领导的宗教革命及种族革命也就烟消云散了。曾国藩究竟为什么能够取胜？蒋廷黻认为他在维护清廷继续作为政治中心的同时，不忘政治革新，一方面劝说朝廷接受西洋近代新文化新思想，另一方面不忘恢复中国固有的政治信念和伦理观念。

在曾国藩领导湘军与洪秀全的太平军交战的时候，中国又一次与英法联军对峙，依然无法战而胜之，受尽屈辱后只好开始一个新的历程，向西方学习。所以蒋廷黻在《中国近代史》第三章专讲《自强及其失败》，实际上就是描绘从 1860 年开始的三十年洋务新政的全景。蒋廷黻指出，恭亲王、曾国藩，特别是李鸿章等人非常不容易，他们认为中国到了 19 世纪只有学西洋的科学机械，然后方能生存，也看到了中国与日本在未来究竟孰强孰弱，就看哪个国家变得快。他们明白日本明治维新的意义，大声疾呼中国人要深化改革，要从改革教育制度、培养人才方面入手。洋务新政很难说是成功了，他们创造了许多新的事业，但到了最后，他们所创造的还是半新半旧不中用。换句话说，中国到了近代，非全盘接受西洋文化不可。曾国藩诸人虽向近代化方面走了好几步，但是他们不彻底，仍不能救国救民族。曾国藩、李鸿章等人是那个时代难得的清醒者，他们推动了中国社会发展经济增长，他们尽最大努力避免与外国人冲突，然而总体上士大夫阶层似乎并不这样想。多数士大夫根本不了解时代的危机及国际关系的处理，只知道破坏李鸿章等人所提倡的洋务新政，同时又喜欢多事，总想挑战与外国的关系，倘若政府听了他们的话，那么中国将无年无日不与外国打仗。闹到最后，还是爆发了 1894 年的甲午战争。中国三十年的增长就像一个巨大的泡沫一样，在一夜之间被戳破。

甲午战争后，中国面临新的选择，蒋廷黻在《中国近代史》第四章即最后一章《瓜分及民族之复兴》中，用六节篇幅讲述1895 年之后至 1930 年初期的中国政治史。在这一章，蒋廷黻从甲午战后列强瓜分狂潮开始，说了俄国人对中国的野心及李鸿章的轻信，说了戊戌变法，说了义和团、晚清新政和辛亥革命，还对民初的政治史、袁世凯之后的政治发展有所叙述。只是由于这一段历史与蒋廷黻当年的政治现实关联太紧，因而他在这一章中的许多叙事其实带有浓厚的意识形态偏见，放弃了或者说偏离了先前客观中立的科学立场，将维新运动、义和团运动等都视作孙中山展开革命活动的准备和阶梯，以为孙中山的三民主义方才是中华民族重建复兴的唯一路径，这显然不是一种科学语言。

任何一本学术著作都不可能尽善尽美，蒋廷黻的《中国近代史》也同样存在这样那样的缺点，不过就总体而言，这部小书依然为中国近代史研究建构了一个分析框架和话语系统，是近代史科学化研究的开山之作，在不经意间将近代史学科带入一个新的境界。

张荫麟与中国历史重建

中国具有悠久的历史传统，也有非常久远的历史书写，但是到了近代，随着西方新史学的输入，中国人对自己民族历史的认识产生了严重分歧，到了 20 世纪初年，一些有远见的历史学家如章炳麟、梁启超等就开始考虑重新认识中国历史，重建中国历史书写方式表达方式等问题。只是由于历史条件的限制，他们的这些认识，除了夏曾佑那本并不太成熟的《中国古代史》有所体现之外，似乎还没有多少理想的成果。直至抗战，方才相继出现张荫麟、钱穆等人的中国通史著作，尝试着对中国历史进行重构。

张荫麟是民国时期的天才史学家，具有极高的天赋、深刻的思想、扎实的功底，曾经受到梁启超、陈寅恪、钱穆等史学大家器重，被给予相当高的期许。在 20 世纪 30—40 年代的中国学术界，张荫麟与钱锺书齐名，他的那本薄薄的小册子《中国史纲》虽说是件未完成的作品，但却使中国新史学别开生面，使中国历史的书写与重构走上正轨。

在《中国史纲》这部著作中，作者对自己民族的历史饱含温情与敬意，旁征博引，纵横捭阖，以丰富可信的历史文献作依托，以轻松、自由、流畅、粹美的文字，以举重若轻的行文风格描述了远古中国至东汉初年的历史。全书没有烦琐冗长的引文考据，没有故作高深的新奇议论，作者只是以行云流水的文字如实讲述那段历史那些故事，使读者在轻松阅读中获取新知增长见闻。

作者能够有这样的表达和成就，当然与其所受教育有着直接关系。张荫麟生于 1905 年，号素痴，广东东莞人。1922 年毕业于广东省立第二中学，翌年考入清华学堂中等科三年级肄业。入学仅仅半年时间，张荫麟就在《学衡》杂志上发表了第一篇文章《老子生后孔子百余年之说质疑》，就中国历史上一直争论不休的老子还是孔子更早的问题提出自己的看法，直接质疑著名学者梁启超。

张荫麟的这篇文章受到学界重视，也得到了梁启超的激赏。由此，张荫麟开始在学术界如鱼得水，仅仅几年时间就在《学衡》《清华学报》《东方杂志》《燕京学报》《文史杂志》等当时有名的刊物上面发表四十多篇论文，在范围上几乎涉及了整个中国史。这些论文使张荫麟少年得志暴得大名，迅即被一些八卦人物列为清华"文学院四大才子"之一（另外三人为钱锺书、吴晗和夏鼐）。

1929 年，张荫麟结束了在清华的学业，因成绩优异可堪造就，旋被选派公费赴美留学，入斯坦福大学攻读西洋哲学史和社会学，在学术眼界和学术方法上又获得了一次大提升。短短四年，张荫麟完成了应修课程，获得了博士学位。1934 年回国返任清华大学历史系、哲学系讲师，兼授北大历史、哲学系课程，成为当时国内新史学的中坚人物和学术新秀。

或许正是因为这个，教育部在规划编写高中历史教材时，因傅斯年推荐，邀请张荫麟执笔撰写中国史，这就是《中国史纲》的来历，时在 1935 年，即张荫麟回国第二年。

按照作者的计划，《中国史纲》是一部多卷本著作，可惜天不假年，作者英年早逝，这部未完之书竟然成了绝响，成为这位史学天才留给这个世界的唯一著作。

根据教育部规划，这部高中生阅读的中国历史教材，由张荫麟拟定写作纲目，将中国几千年历史分解为数十个专题，然后由他组织各方面的专家进行写作。如汉代以前由张荫麟亲自操刀，唐以后由吴晗负责，鸦片战争之后中国社会变化的历史交给千家驹去编写，近百年来的中日战争和中日关系，则由对中日关系有很深研究的王芸生负责。各相关负责者将稿子完成后再由张荫麟按照总体构想统筹改定，然而由于各方面的原因，这个良好规划并没有得到执行，只有张荫麟本人在 1940 年年初完成了自己承担的东汉之前这部分。

《中国史纲》开始写作，据张荫麟的说法是在卢沟桥事变之前两年即 1935 年，完稿时间是全面抗战开始三年后即 1940 年。在这个特殊的年代里，这部书当然难以避免受到影响，对于这一点张荫麟并不否认。他在这本书的序言中说，他现在发表的这部《中国史纲》是一部用新思想新的史学观念写作的中国通史，无论就中国史本身的发展来说，还是就中国史学的发展上看，张荫麟认为这部书都是恰当其时。

就中国史本身的发展上看，张荫麟认为他所处的那个时代是中国有史以来最大的转变关头，正处在朱子所谓"一齐打烂，重新造起"的局面；旧的一切瑕垢腐秽，正遭受彻底的涤荡剿割，旧的一切光晶健实，正遭受天捶海淬的锻炼，以臻于极度的精纯；第一次全民族一心一意地在血泊和瓦砾场中奋扎以创造一个赫然在望的新时代。若把读史比作登山，张荫麟认为他所处的那个时代正达到分水岭的顶峰，无论四顾与前瞻，都可以得到最广阔的眼界。在这个时候，把全部的民族史和它所指向的道路作一鸟瞰，最能让人感受到历史的壮观。

就中国史学的发展上看，张荫麟认为 20 世纪 30 年代的十年可以算作一个新纪元中的一个小段落。在这十年间，严格的考证的崇尚，科学的发掘的开始，湮没的旧文献的新发现，新研究范围的垦辟，比较材料的增加和种种输入的史观的传播，使得司马迁和司马光的时代顿成过去；同时，史学界的新风气也结成了不少新的，虽然有一部分还是未成熟的果。不幸这草昧初辟的园林，突遇狂风暴雹，使得我们不得不把一个万果累累的时代，期于不确定的将来了。文献的沦陷，发掘地址的沦陷，重建的研究设备的简陋和生活的动荡，使得新的史学研究工作在战时不得不暂告停滞。"风雨如晦，鸡鸣不已"的英贤固尚有之；然而他们生产的效率和发表的机会不得不大受限制了。正是这样一种特殊的历史条件，使张荫麟觉得在这抱残守缺的时日，回顾过去十年来新的史学研究的成绩，把它们汇集起来，综合出来，并在种种新的史观提示指导下，写出一部新的中国通史，使其成为一个民族在空前大转变时期的自知之助，也许是这个特殊时代的恩赐，也许是史学家应有的责任。

在新的历史条件下写作一部新的中国通史是应该的，问题主要在于究竟应该怎样写，究竟应该采用怎样的一种取舍标准。换言之，中国通史不可能容纳全部的中国历史事实，不可能将什么事情都写进去，一定要有取舍，一定要有放弃，如果细大不捐，这就不是供人阅读的中国通史，而是供人查阅检索的中国历史百科全书了。当然，反过来说，中国通史也不能由历史学家凭借记忆或涉览所及或个人兴趣而决定取舍。对于许多写作者来说，这样或许便捷，但也写不出理想的通史。

所以在张荫麟看来，一部理想的中国通史当然是能够提纲挈领，只能记录和讲述一些最重要的事情，至于什么样的事情才重要，张荫麟根据东西方历史学的实践提出五个标准。

第一个标准，张荫麟叫作"新异性的标准"。所谓"新异性"，其实说的就是"内容的特殊性"，就是在历史上是否具有新意，由此而讲究的是"社会动力学"而不是"社会静力学"，所以记录到通史里面的就是历史上过去所不曾有过的。至于新异性的具体条件，张荫麟在这里还提出了五个需要注意的问题。

第二个标准，张荫麟叫作"实效的标准"。按照这个标准，史事所直接牵涉和间接影响于人群苦乐即幸福感、痛苦感越大，那么这样的史事无疑就越重要。

第三个标准叫作"文化价值的标准"。张荫麟强调，所谓文化价值标准就是真与美的价值。按照这个标准，文化价值愈高的事物愈重要。我们写思想史、文学史或美术史的时候，详于灼见的思想而略于妄诞的思想，详于精粹的作品而略于恶劣的作品，至少有一大部分理由依据这个标准。

第四个标准，张荫麟叫作"训诲功能的标准"。所谓训诲功能有两种意义，一是完善的模范；二是成败得失的鉴戒。按照这个标准，训诲功能愈大的史事愈重要。旧日的历史学家大抵以此标准为主要标准，只是到了近代，新历史学家的趋势是在理论上要把这个标准放弃，虽然在事实上未必能够做得到。张荫麟认为，即便没有办法完全做到，但在新通史中，作者应该对此抱有警惕，要知道随着学术分工日趋严密，历史学无法将一切训诲都纳入自己的考察范围，比如历史人物的成功与失败的教训，虽然很值得研究，但在新史学的通史概念中似乎不应该有地位，应该归属于应用社会心理学的"领袖学"的范畴。

第五个标准可以叫作"现状渊源的标准"。张荫麟指出，我们的历史兴趣之一是要了解现状，是要追溯现状的由来，这就有点"历史发生学"的意思，就是要探究一个历史现象究竟是怎样发生的怎样演化的。按照这个标准，史事和现状之间发生学的关系愈深则愈重要，所以历史学家往往强调详近而略远。

张荫麟的五个标准虽然是说一般通史的大原则，但其实也是对自己这部新通史的期待，由此反观张荫麟的这部通史，我们就很容易看出其特点、意义和价值。首先，作者在这部通史中，充分融会前人研究成果和作者玩索历史事实而获得的心得，以说故事的方式进行表达，没有烦琐引证，没有过程考据，不引原始文献，因而这部通史没有阅读障碍，最有利于青年学生阅读。其次，作者在写作之初谋篇布局，选择了少数节目为主题进行讲述，给所选的每一节目以相当透彻的叙述，这些节目以外的大事，只概略性地涉及以为背景，这样不仅节省了篇幅压缩了规模，而且避免了枝蔓避免了衍生，利于青年学生从大背景大环节上把握中国历史的精髓。最后，作者对于社会变迁、思想的贡献和许多重要历史人物的性格，也参照自己所立的五项标准兼顾详略，使读者对于中国历史与文化有个大致平衡的理解和掌握。所以这部通史出版之后受到各方面欢迎，好评如潮，在不太长的时间里一版再版，直至今天依然是青年学生乃至许多中国人了解自己民族历史的一个简洁清晰的读本，在过去二十年间多次印刷，拥有多个版本，成为同类作品中流传最广泛的一种。

这部《中国史纲》共有十一章，从中国的史前文明写到东汉的建立。第一章概略叙述中国史黎明期的大势，用了四节讲述商代文化、夏商大事及以前的传说、周朝的兴起和周代与外族的关系等。

接续第一章，《中国史纲》第二章为《周代的封建社会》，只是张荫麟在这里所说的"封建"是中国史上的本意，是"封邦建国"，是把土地分给皇亲国戚功勋大臣，让他们在各自的领地建立邦国。这个制度与后世特别是我们今天所说的"封建社会"是根本不同的。在这一章，张荫麟讲述了封建帝国的组织、奴隶、庶民、都邑与商业、家庭、士、宗教、卿大夫、封建组织的崩溃等。这就是作者所期许的社会变迁方面的写作。

周代的历史比较复杂，有西周有东周，而东周又分为春秋和战国，《中国史纲》对此作了区分和处理，在第三章《霸国与霸业》中讲述了春秋各国争霸的历史，共五节，分为楚的兴起、齐的兴起（附宋）、晋楚争霸、吴越代兴、郑子产。这是一般政治史的叙述，也是传统中国史学的强项。

接续政治史的叙述，第四章为《孔子及其时世》。这是作者对重要历史人物性格及其思想贡献的表彰，六节分述了鲁国的特色、孔子的先世与孔子的人格、孔子与其时世、孔子与政治、孔子与教育、孔子的晚年。作者的史料依据不出《史记》和《论语》，但作者的现代观察在这里显得非常重要。

春秋之后是战国，《中国史纲》第五章为《战国时代的政治与社会》，讲述战国时代的政治发展与社会变迁，共五节，即三晋及田齐的兴起、魏文侯李克吴起、秦的变法、经济的进步与战争的变质、国际局面的变迁。作者用比较简洁的文字对战国时代的政治大势作了交代，为下一章《战国时代的思潮》作了很好的铺垫。

在《战国时代的思潮》（第六章）这一章中，作者用六节篇幅讲述战国时代的思潮发展，向读者呈现了战国时代思想界丰富多彩的思想画卷，各节标题是：新知识阶级的兴起、墨子与墨家、孟子许行及周官、杨朱陈仲庄周惠施老子、邹衍荀卿韩非。

介绍战国时期的思想文化之后，《中国史纲》下一章又是政治史，专讲《秦始皇与秦帝国》，从吕不韦与嬴政说起，说到六国混一、新帝国的经营，直至帝国的发展与民生。紧接着秦帝国的结束，是楚汉相争，是汉王朝的建立，《中国史纲》第八章为《秦汉之际》，第九章为《大汉帝国的发展》，以两章篇幅描述汉帝国之所从来以及至汉武帝时期的帝国政治和政策。在第八章《秦汉之际》，作者讲述了陈胜吴广起义的源起及失败，讲了项羽与巨鹿之战、刘邦之起与关中之陷、项羽在关中，还讲了楚汉之战及其结局。在第九章，作者讲了纯郡县制的重建、秦汉之际中国与外族、武帝开拓事业的几个时期以及武帝的新经济政策等。这些政治史的叙事应该说与传统说法区别不大，只是更平实更温和而已。

在讲述秦汉之际政治史之后，《中国史纲》第十章为《汉初的学术与政治》，侧重于讲述汉初黄老学说的由来、全盛及其影响，探究儒家学派究竟是怎样走上官方意识形态宝座的，以及儒家思想在汉武帝时期究竟有怎样的影响。至于《中国史纲》最后一章即第十一章，为《改制与"革命"》，主要讲述了外戚王氏集团的专权、哀帝朝的政治、王莽再度崛起直至称帝、王莽的改革、新朝的倾覆，最后一节则是东汉的建立及其开国规模，只是对东汉初年历史有一个简单交代，为后来的正式叙事作铺垫。遗憾的是，张荫麟在战火之中，随浙江大学迁往黔北遵义，于 1942 年不幸病逝，年仅三十七岁，《中国史纲》第一部也就此成了绝唱。

吕思勉与中国通史研究与写作

　　中国通史写作像中国历史学一样悠久，孔子整理《春秋》，孔门弟子记录整理《春秋》三传，墨子曾经阅读过"百国春秋"，均表明中国人的通史意识由来已久。司马迁的《史记》，司马光的《资治通鉴》，杜佑的《通典》，袁枢等《纪事本末》，"皆具体之记述，非抽象之原论"，[①] 在某种意义上说，就是那个时代的通史，具有"通古今之变，成一家之言"，资政、育人的价值。

　　进入近代，西方学术传入中国，传统的通史写作遇到西学的挑战。20 世纪初，梁启超相继发表《中国史叙论》《新史学》，对中国传统史学给予激烈批评，鼓吹"史学革命"，主张参照东西洋新史学，重建中国史学体系、史学方法。几乎与梁启超同时，章太炎也在重订《訄书》时郑重提出重写《中国通史》等计划。他

---

　　① 《訄书重订本·哀清史第五十九》附《中国通史略例》，《章太炎全集》卷三，328 页，上海：上海人民出版社，1984 年。

们二人的主张赢得了知识界的认同。此后不久，夏曾佑《最新中学中国历史教科书》第一册于1904年在商务印书馆出版。这是用新方法新思路重新整理中国历史的开始，也可以说是新型中国通史的开篇之作。他的进化论思想得益于他的朋友严复，至于著述体例、表达方式，很明显受到梁启超、章太炎二人的影响。

进入民国，用新方法、新思路写作中国通史蔚然成风，相当一部分大学者都有重写中国通史的冲动，即便以考史擅长，以断代擅胜的陈寅恪，对中国通史的编写也相当重视，对自夏曾佑至范文澜等人的中国通史作品，似乎都有涉猎，都有点评，[①] 甚至有意动手写作一部中国通史以为典范，可惜由于各种原因，陈寅恪除了在课堂上讲述过中国通史的某些断代外，并没有完整的中国通史作品。

陈寅恪等没有致力于中国通史写作，除了个人兴趣、时间、身体等诸多原因，还有一个背景必须注意，即学风的转移。据钱穆回忆："从前我中学毕业，回学校请教中学一位老师吕思勉先生，一部二十四史如何读法？他说：这极省力。他便帮我计算，一天读多少卷，几年一部二十四史读完了。我这是学我中学先生的方法。现在诸位不这样，诸位看不起通史，要讲专史。不但只研究一部专史，而且是在一部专史中挑选一个小题目，来写篇几十万字的论文，才能通过博士学位的考试。这样便做不成学问。

---

① 陈寅恪对夏曾佑的《中国古代史》评价颇高，以为作者"以公羊今文家的眼光评论历史，有独特见解"。(《陈寅恪先生编年事辑》增订本，94页，上海古籍出版社，1997年）对范文澜的《中国通史简编》似乎评价不高，其1952年《题冼玉清教授修史图》诗云："国魄销沉史亦亡，简编桀犬滋雌黄。著书纵具阳秋笔，那有名山泪万行。"（《陈寅恪诗集》，86页，北京：三联书店，2009年）就被许多解读者判为讥讽范著。

我们今天走的西汉人的路。诸位或说，我们今天是走的美国人的路，美国人的路其实便已走错了。"[①] 假如我们注意民国时期中国学术界的情形，但凡留学归来的，仅胡适、张荫麟、蒋廷黻等极少数人具有宽广视域愿意写作通史、通论，更多的学者无不像钱穆所讥讽的那样，选个小题目做个中等规模的论文。

其实从学术史角度说，钱穆的说法最具启发。中国历史学从来的路数都是贯通，是由博而约。传统中国学者的正当学术路径是博览群书，打下一个广博的基础，然后再根据个人兴趣或述史，或考史。

当然，随着时间的流逝，通史写作越来越难。孔子时代写通史，需要阅读、鉴别的史料远比司马谈、司马迁父子时简单得多。到了宋代，要想完成一部贯穿古今的中国通史，司马光就必须成立一个班子，从长编开始做起，否则没有办法穷尽相关史料。须知，司马光的时代，造纸术、印刷术，还没有普遍使用，积淀的文献尽管很多，但毕竟仍可以大致穷尽。

宋代之后，随着印刷术、造纸术的普及，随着科举制度的发展，通史写作越来越难，即便没有外部因素影响，中国史学自身发展，也开始向各个专门学科用力。在六朝各种典制，尤其是在唐代学者杜佑《通典》的基础上，南宋学者郑樵发展出《通志》，宋元学者马端临发展出《文献通考》。这三部作品后来被统称为"三通"，进而演化成"九通""十通"。在某种意义上说，"十通"表明人类知识急剧增长，包罗万象的通史编写越来越难，对史学

---

① 《讲堂遗录》，《钱宾四先生全集》卷五十二，480页，台北：联经出版公司，1998年。

家知识储备的要求越来越高。由此，我们也就不难理解，章太炎、梁启超虽然都信誓旦旦要编写自己的中国通史，但他们事实上都没有完成，甚至简直就是无从下手。

前人留下的史料太多了，汗牛充栋都不足以形容。不要说近代以来突然增加的卜辞、敦煌文献、大内档案、满文老档，即便是传世史书，即便卷帙有限的二十四史、诸子集成、四库全书，真正读完的又有几人？因而20世纪中国历史学面临非常尴尬的局面，一方面学术分化越来越严重，分科研究，专精的小题目研究，越来越细，越来越小；另一方面综合研究规模越来越大，越来越漫无边际。一部新编断代史可以多达数千万字，一部思想通史可以数千万元立项，应该追究一下编写者，尤其是主持者的学术素养，他们如果没有全面细致地阅读史料，没有贯通理解，那么究竟如何"从总体上把握，从细节上突破"呢？

20世纪后半期，中国史学界出版了一大批出于众人之手的中国通史或断代史。这些史书在那个特殊时代对于现代人理解古代中国起到了很大作用。但是这些出于众人之手的中国通史或断代史，都是主题先行——或以农民战争作为历史叙事的主题，因为有农民战争是推动中国历史进步的动力的说法；或以阶级斗争作为中国历史叙事的基调，因为经典作家认为阶级斗争是阶级社会发展的直接动力；或以帝国主义入侵及中国人民的反抗作为近代史叙述主线，因为经典作家不仅告诉我们帝国主义是阻碍近代中国进步的三座大山之一，而且是近代中国不进步的根本原因。这些先行的主题规范了20世纪后半叶中国通史、近代史的基本样式，然而其中有一个无法摆脱的悖论：难道历史真的不是客观存在吗，难道历史真的就是任人打扮的小姑娘？

历史一定有一个真相，历史肯定是客观存在的，历史并不因为历史学家推崇农民战争，就成为农民战争史。历史的某一个主题被刻意放大，主要原因还是历史学家在书写历史之前，并没有对历史文献有全面阅读，有整体把握。

在章太炎、梁启超以后，有不少人仔细阅读大量史料。在笔者这一代人读书时，就知道前辈史家中读书勤奋的很多，比如陈垣对《四库全书》的阅读，钱穆对《四部备要》的利用，蔡尚思对南京图书馆藏书的泛读，吕思勉对二十四史的精读，都是我们那个时代历史学系师生最为敬仰的事情。我们那时不少人也以他们为榜样，确立了一个个"人生小目标"。我们那时普遍相信前辈学者的经验之谈，历史学一定是一个"由博返约"的过程，没有最大量的博览，就不可能构建精深的学问。

从这个视角反观章太炎、梁启超之后前辈学者留给我们的中国通史类作品，范文澜、蔡美彪、翦伯赞、郭沫若、白寿彝等运用马克思主义解读中国历史的作品固然给我们以巨大启发，但其主题先行有所侧重的描述，也委实遮蔽了许多我们今天应该知道的历史。马克思主义史学家之外，20世纪从事中国通史写作的学者还有钱穆、张荫麟、陈恭禄、傅乐成。国外有费正清主持的《剑桥中国史》系列，以及最近几年相继出版的日本、美国学者写作的中国史。他们的作品毫无疑问都有益智功能，也都不同程度描述了中国历史的某一个侧面，某一个重点，都值得阅读。

但是，如果从系统性而言，20世纪中外学者编写的中国通史，最值得注意的，恐怕还是吕思勉以一己之力完成的中国通史。

在20世纪中国通史写作者群体中，吕思勉是少数几个将通史写作作为一个事业进行经营的人之一，写作通史几乎贯穿了其生命的全部过程。他的第一部通史作品《白话本国史》由上海商务印书馆 1923 年初版。是年，吕思勉刚满四十岁。严耕望后来讨论这本书时说："在 1920 年代，一般写通史都用文言文，而先生（吕思勉）第一部史学著作就用白话文，可谓是中国第一部用语体文写的通史。全书四册，内容颇富，而且着眼于社会的变迁，也有很多推翻传统的意见，这在当时是非常新颖的。"[①]

三十年后，1953 年 9 月，年已古稀的吕思勉拟就一个新的《中国通史说略》大纲，计划重编，并与华东人民出版社函商。无奈此时"因中央人民出版社已分编出版范文澜同志著的《中国通史简编》修订本，该书同时在华东印行，为避免重复起见"，华东人民出版社婉拒了吕思勉的新通史合作方案。[②]

在长达数十年的学术生涯中，吕思勉拿出很大精力写作中国通史。除《白话本国史》，更重要的作品为中日战争时期，吕思勉在上海"孤岛"为适应当时大学教学需要而编写的《中国通史》，上册于 1940 年由开明书店出版，翌年出版下册。这是吕思勉的一部重要作品，后来不断有出版社再版或重印。这部书的写作、出版时间与钱穆的《国史大纲》相距不远，两个人的写作诉求也差不多，都是为了坚定中国人抗战必胜的信念，两人在书的结尾均展望了中国未来。钱穆《国史大纲》的最后两节为"三民主义与抗战建国""抗战胜利建国完成中华民族固有文化对世界新使命之开始"，以为"在此艰巨的过程中，始终领导国人以建国之进向

[①] 严耕望：《通贯的断代史家——吕思勉》，《治史三书》，181 页，沈阳：辽宁教育出版社，1998 年。

[②] 《吕思勉先生年谱长编》下，939 页，上海：上海古籍出版社，2012 年。

者，厥为孙中山先生所唱导之三民主义"；"三民主义主张全部的政治革新，与同光以来仅知注重于军备革命者不同"；"三民主义自始即采革命的态度，不与满洲政府狭隘的部族政权求妥协，此与光绪末叶康有为诸人所唱保皇变法者不同"；"三民主义对当前政治、社会各项污点、弱点，虽取革命的态度，而对中国已往自己文化传统、历史教训，则主保持与发扬；此与主张全盘西化、文化革命者不同"；"三民主义对国内不主阶级斗争，不主一阶级独擅政权；对国际主遵经常外交手续，薪向世界和平；此与主张国内农工无产阶级革命，国外参加第三国际世界革命集团者不同"。将孙中山的三民主义视为中国的希望，"为中国全国国民内心共抱之薪向，亦为中国全国国民当前乃至此后共负之责任"。①

而吕思勉《中国通史》最后一章《革命途中的中国》虽然也对中国未来充满期待、信心，但他的结论并不是要依靠什么三民主义，而是认为"只有社会主义才能彻底完成有利于人民的社会改革，而且认为'中国历代社会上的思想，都是主张均贫富的，这是其在近代所以易于接受社会主义的一个原因'。这是作者从我国历来社会改革思潮的主流，说明我们所以容易接受社会主义而加以推行的原因"②。吕思勉的这个判断与钱穆显然不同，他对未来中国政治走向的预言，显然也比钱穆更准确，更坚定："我们现在所处的境界，诚极沉闷，却不可无一百二十分的自信心。岂有数万万的大族，数千年的大国古国，而没有前途之理？悲观主义

① 《国史大纲》，《钱宾四先生全集》卷二十八，1030 页。

② 杨宽为吕思勉《中国通史》写的前言，《中国通史》卷首，2 页，上海：华东师大出版社，1992 年。

者流：君歌且休听我歌，我歌今与君殊科。我请诵近代大史学家梁任公先生所译英国大文豪拜伦的诗，以结吾书：希腊啊，你本是和平时代的爱娇。撒芷波，歌声高，女诗人，热情好。更有那德罗士、菲波士荣光常照。此地是艺文旧垒，技术中潮。只今在否？算除却太阳光线，万般没了。马拉顿前啊，山容飘渺。马拉顿后啊，海门环绕。如此好河山，也应有自由回照。我向那波斯军墓门凭眺。难道我为奴为隶，今生便了？不信我为奴为隶，今生便了？"① 吕思勉对于中国的未来显然比他的学生钱穆更乐观更浪漫。这是我读吕思勉通史类作品时的第一个感想。

读这几种不同版本的中国通史，第二个感想，就是吕思勉是20世纪中国最用心经营通史写作的历史学家，也是最博学的通史大家。一个比较可靠的说法是，吕思勉毕生批阅二十四史三遍以上。据吕思勉《三反及思想改造学习总结》，"家世读书仕宦，至予已数百年矣。予年六岁，从先师薛念辛先生读，至九岁"；"初能读书时，先父即授以《四库书目提要》。此为旧时讲究读书者常用之法，俾于问津之初，作一鸟瞰，略知全体学科之概况及其分类也。此书经史子三部，予皆读完，惟集部仅读其半耳。予年九岁时，先母即为讲《纲鉴正史约编》，日数页。先母无暇时，先姊即代为讲解。故于史部之书，少时颇亲。至此，先父又授以《日知录》《廿二史札记》及《经世文编》，使之随意泛滥。虽仅泛滥而已，亦觉甚有兴味。至十六岁，始能认真读书。每读一书，皆自首讫尾。此时自读正续《通鉴》及《明纪》"② 从其早岁读书经

① 《中国通史》，496页。

② 《自述》，《吕思勉论学丛稿》，742页，上海古籍出版社，2006年。

历看，不论其双亲，还是他自己，似乎都在追求传统中国博览群书的境界，在"四部"上下苦功，为将来治学打下一个坚实基础。

再据其回忆，"我读正史，始于十五岁时。初取《史记》，照归、方评点，用五色笔照录一次，后又向丁桂徵先生借得前后《汉书》评本，照录一过。《三国志》则未得评本，仅自己点读一过，都是当作文章读的，于史学无甚裨益。我此时并读《古文辞类纂》和王先谦的《续古文辞类纂》，对于其圈点，相契甚深。我于古文，虽未致力，然亦略知门径，其根基实植于十五岁、十六岁两年读此数书时。所以我觉得治古典主义文学的人，对于前人良好的圈点，是相需颇殷的。古文评本颇多，然十之八九，大率俗陋，都是从前做八股文字的眼光，天分平常的人，一入其中，即终身不能自拔。如得良好的圈点，用心研究，自可把此等俗见，祛除净尽。这是枝节，现且不谈。四史读过之后，我又读《晋书》、《南史》、《北史》、《新唐书》、《新五代史》，亦如其读正续《通鉴》及《明纪》然，仅过目一次而已。听屠先生讲后，始读辽、金、元史，并将其余诸史补读。第一次读遍，系在二十三岁时，正史是最零碎的，匆匆读过，并不能有所得，后来用到时，又不能不重读。人家说我正史读过遍数很多，其实不然，我于四史，《史记》、《汉书》、《三国志》读得最多，都曾读过四遍，《后汉书》、《新唐书》、《辽史》、《金史》、《元史》三遍，其余都只两遍而已"①。这是吕思勉1941年大约中年时期的回忆，其后数年，由于吕思勉就在通史领域中工作，二十四史是他的案头书，时常

---

① 《从我学习历史的经过说到现在的学习方法》，《吕思勉论学丛稿》，580 页。

88

翻检，不时考索，说他"一生读二十四史，又一生记笔记"①，大概不为错。可以这样说，吕思勉从六七岁开始，以读书为己任，从清晨至深夜，数十年如一日，从不间断，将二十四史反复阅读，并参考其他史书及经、子、集诸部，排比史料，详细考订，综合分析，贯通理解，订正了许多误记、错记，读吕思勉《读史札记》诸篇，可以深切体会其用力之勤之细。这是吕思勉的独门功夫，是其他各家不太具备的功夫。

第三个感想，吕思勉对二十四史等传世经典的反复诵读，尤其是其数十年沉潜在大学，一遍又一遍地讲授中国通史，使他对中国历史建立起一个整体性认识，有很深刻的贯通性解读。有论者以为吕思勉《中国通史》平铺直叙，无所侧重，既包括历代婚姻、族制、政体、阶级、财产、官制、选举、赋税、兵制、刑法、实业、货币、衣食住行、教育学术、宗教风俗，又很细致地描写了历代政治变革，纵横交错，首尾相顾，其关注、涉及的内容，在 20 世纪同类作品中门类最全最多最细。所谓无所侧重，并不是缺点，可能正是中国历史的本来面目。严耕望指出："就著作量言，（吕思勉）先生的重要史学著作，篇幅都相当多，四部断代史共约三百万字，《读史札记》约八十万字，总共出版量当逾五百万字，著作之富，可谓少能匹敌。就内容言，他能通贯全史，所出四部断代史不但内容丰富，而且非常踏实，贡献可谓相当大。我自中学读书时代，对于他的史学著作就很感兴趣，不但见到即看，而且见到即买。我在中学时代看《史通》，似乎就是由他的《史通

① 《吕思勉论整理笔记及史学论文》，《顾颉刚读书笔记》卷七，562 页，台北：联经出版公司，1990 年。

评》所引起的。所以他的著作对于我有相当影响。居常认为诚之先生当与钱先生及两位陈先生并称为前辈史学四大家。但他在近代史学界的声光显然不及二陈及钱先生";"他的治史与两位陈先生不同,他是宾四师的中学老师,但两人治学蹊径也不相同。综观他一生的治学成绩,可以称之为通贯的断代史家。"[①] 严耕望的评论确乎为不刊之论,公平公允公正懂行。两位陈先生是具有旧学根底的新学者,用新方法作专题研究与专题论文;钱穆介于新旧之间,既懂新更懂旧,他知道怎样像西人那样进行专题研究,能够写出《先秦诸子系年》《刘向歆父子年谱》那样的专题著作,但其价值诉求更倾向传统中国学术的旧样式。至于吕思勉,他虽然能够熟练运用新方法新理论,但其学术的基本路径,不外乎传统中国学人的训练,是在综合性、贯通理解上下功夫。所以我们还可以看到的一个奇观是,吕思勉不仅毕生用心从事其通史写作事业,而且毕生致力于各种专门史的研究,力图用最广博的学问认识中国历史的方方面面,从综合、全面、贯通的视角寻找历史真相。他在 1940 年代完成的《中国通史》上册中分门别类讨论中国人的婚姻、族制、政体、阶级、财产、官制、选举、赋税、兵制、刑法、实业、货币、衣食、住行、教育、语文、学术、宗教等,其实就是一个综合的、贯通的理解,是从政治领域之外,从文化史的层面讨论中国历史。这一点与其他各家的通史写作很不同。

第四个感想,与 20 世纪各家通史相比较,吕思勉《中国通史》是少数几种以一己之力完成的。集体写史固然有集体合作的好处,可以利用集体力量编写个人根本无法完成的大部头,但是

---

① 《治史三书》,182、180 页,沈阳:辽宁教育出版社,1998 年。

集体写史也有不易克服的矛盾，撰稿人如果充分，或者说比较多地表达自己的研究心得，那么这样的作品极有可能成为一部不错的论文集，如《剑桥中国史》。但是如果仔细辨别，也很容易发现许多集体合作的通史类项目，存在着重复、遗漏、相互冲突或不协调的情形。人文学术在很大程度上是非常个性化的职业，真正意义上的通史，不在规模大小，而在能否真正"究天人之际，通古今之变，成一家之言"。以这个标准回望 20 世纪的中国通史写作，吕思勉、钱穆、张荫麟、陈恭禄、傅乐成等几人的作品，大致实现了这个理想，以一己之力成一部或大或小的通史，详略不一，侧重不一，但无不逻辑自洽，史料运用自如。这一点诚如顾颉刚评述的那样："中国通史的写作，到今日为止，出版的书虽已不少，但很少能够达到理想的地步。本来以一个人的力量来写通史，是最困难的事业，而中国历史上须待考证研究的地方又太多，故所有的通史，多属千篇一律，彼此抄袭。其中较近理想的，有吕思勉《白话本国史》《中国通史》，邓之诚《中华二千年史》，陈恭禄《中国史》，缪凤林《中国通史纲要》，张荫麟《中国史纲》，钱穆《国史大纲》等。"[1] 从这个评价中可以体会吕思勉通史研究与写作的意义。

理想的通史写作，需要丰富的阅读、宁静的心态，以及尽可能地价值中立，还需要追踪与把握断代史研究前沿。吕思勉对一些断代史有自己的研究、著述，对于纵向的制度史、学术史、思想史、民族史，以及目录学、文字学、历史研究法，甚至西洋史，都有自己的著述，这些著述当然并不都是第一流作品，但无疑对

---

① 顾颉刚：《当代中国史学》，81 页，上海：上海古籍出版社，2002 年。

于作者撰写中国通史提供了学术储备、学术视野。

　　吕思勉数十年沉潜，不求闻达，不追逐时尚，在他内心深处，最相信的是学术史评估，而不是生前的热闹。现在有机会重读其发奋潜心写作的《中国通史》，不能不由衷敬佩他才是真正的读书人，是无愧于时代的大史学家。

范文澜与当代中国意识形态的构建

当代中国意识形态的重要支柱之一是对中国历史的认识,这又可以分成两个层面去讨论。一是对传统中国社会的认识,当代意识形态认定为"封建社会";第二个层面是对 1840 年之后中国社会历史的认识,中国当代主流意识形态认定为"半封建半殖民地社会"。这两个认识是对过往中国历史学认知的根本颠覆,而完成这一构建的就是当代最具影响的马克思主义史学家范文澜。

为什么是范文澜

自从西方新学传入中国以来,传统的中国史学受到严重挑战,旧的史学理念、史学方法,乃至史学表达方式等,都好像需要重新检讨,于是到了 20 世纪初年,章炳麟、梁启超等人就此发表了许多看法,思考着怎样对旧史学进行改革,怎样创建新史学,稍后有夏曾佑的《中国历史教科书》出版，这是近代中国运用进化论改写中国历史的重要尝试。

达尔文的进化论对解读中国历史提供了一个新的思路，此后按照这条思路继续解读中国历史的学者越来越多，成果也越来越多，比较有成就有价值的如钱穆的《国史大纲》，张荫麟的《中国史纲》，不论运用了怎样的新方法新理论，其实都是在进化论的框架内进行阐释，依然存在不尽如人意处。马克思主义历史唯物主义传入中国后，陈独秀、李大钊、瞿秋白、邓中夏等据之对中国历史进行不同程度的重构，提供了一些新解释，只是他们并非专业研究者，只见树木，不见森林，无法为中国历史提供一个马克思主义的全新解读框架，直至范文澜的加盟。

范文澜，浙江绍兴人，1893年生于一个据说世代读书的富裕家庭，从小接受良好教育。1913年进入北大预科，翌年考入国文门，师从黄侃习《文心雕龙》，为章炳麟再传弟子；师从陈汉章、刘师培习经学；由此奠定非同寻常的学术基础。

1917年，范文澜从北大毕业，留校担任了他的小同乡、北大校长蔡元培的私人秘书，由此建构了不凡的人脉网络。据说他就在这个时候结识了毛泽东，因为毛泽东那时正因准岳父杨昌济的介绍在北大图书馆打工。两个同龄人大约从此结下了终身友谊，相互之间的深刻影响由此开始。

范文澜在北大工作的时间好像并不太长，据说第二年经许寿裳介绍到沈阳高等师范学堂任教。此后则辗转河南、天津、北平等地几所中学、大学担任教职。1925年出版《文心雕龙讲疏》。翌年出版《群经概论》。1931年出版《正史考略》。这些著作为范文澜在文学、经学和史学学术领域赢得了名气，他成为中国传统学术领域中的新秀。

卢沟桥事变发生后，范文澜在从教的河南大学积极参加救亡活动。开封沦陷后，范文澜随大学转移，稍后随新四军在信阳一带从事游击战。1940年初，范文澜带着三十多箱图书抵达延安，不久出任马列学院历史研究室主任。翌年，出任中央研究院副院长兼历史研究室主任。

范文澜抵达延安的时候，正值毛泽东动员全党学习马列主义，重新认识中国历史和中国革命，稍后又是延安整风，又是学习运动。毛泽东与范文澜是很好的朋友，有许多共同看法，范文澜总是倾听毛泽东的想法，毛泽东的建议也总是引起范文澜的重视。有一次，毛泽东建议范文澜组织历史研究室人员编写一本适合一般干部阅读的中国历史读本，有十五万字就行。毛泽东的这个建议引起了范文澜的重视，也由此唤醒范文澜的兴趣，让范文澜有了用武之地。现实需要迫使范文澜开始用马克思主义解读中国历史，并尝试着建构一个完整的体系。

按照毛泽东的建议，范文澜很快拟就了编写提纲，并就体例等相关问题与毛泽东有过交流。毛泽东希望范文澜打破过去一些通史的常规写法，最好用夹叙夹议的方式予以呈现。范文澜认为十五万字太少，几千年的历史很难在这个篇幅里写完。对于范文澜的建议，毛泽东欣然答应，先同意增加到二十五万字，后又同意增加到四十五万字，依然难以容纳，最后让范文澜尽情发挥，有多少算多少。

就学术传承而言，范文澜是章炳麟的再传弟子，是刘师培、黄侃、陈汉章等学术大师欣赏的后辈传人，具有良好的学术基础和旧学功底。更重要的是，范文澜特殊的求学经历，使他与李大钊、陈独秀、毛泽东等早期中共领袖有交往，熟悉马克思主义理论，而且自觉运用这个理论去解读中国历史，虽然偏离了其学术门户的传统，但这个尝试使他成为中国马克思主义史学无可争议的开山祖师。

经过一段时间辛勤紧张的工作，范文澜主持的新编中国通史读本终于出炉了，1941年在延安出版了第一册，定名为《中国通史简编》，编者署名为中国历史研究会。按照当时的计划，范文澜准备用三卷的篇幅写完自远古以迄当代的历史。上册自远古至五代十国；中册写宋辽至清中期，于1942年出版；下册写鸦片战争至义和团运动。后来，计划中的下册更名为《中国近代史》单独发行，已出版的上中两册于1943年由新华书店分编为六册再版，多次重印。至1947年上海希望书店刊行时，更名为《中国历史简明教程》，署名改为范文澜。

所谓"封建社会"

《中国通史简编》是历史上第一次用马克思主义理论解释中国历史现象，但由于范文澜的学术功力和文字功夫，他的解读并不显得那么突兀那么不可思议。范文澜将马克思主义与中国文化紧密结合，形成了自己的学术风格，在全新基础上重构了中国历史的解释体系，对后来的中国历史学发展产生了深刻影响。毛泽东对范文澜的工作表示满意，他表示，我们中国共产党在延安做了一件大事，我们通过这部书对于自己国家几千年的历史，不仅有我们的看法，而且写出了一部系统的完整的中国通史，这表明我们中国共产党对于自己国家几千年历史有了发言权，也拿出了科学的著作。

用马克思主义观点解释中国历史，构建独具中国特色的马克思主义史学，是一项宏大的系统工程，不是一两个人在短时间内能够完成的。在马克思主义传入中国之后，特别是当中国共产党人登上历史舞台之后，一大批马克思主义史学家如吕振羽、翦伯赞、侯外庐、郭沫若等，都先后进行过尝试，作过一些有益的准备工作。郭沫若的《中国古代社会研究》（1929年）是中国马克思主义史学的奠基之作，第一次运用马克思主义唯物史观证明中国并非具有特殊的国情，中国社会同样经历了人类社会普遍经历的各个发展阶段。郭沫若的这些论证今天看来虽然显得有点幼稚或不全面，中国是否真的经历过那些人类社会普遍存在着的几个阶段还可存疑，但在当时无疑为用马克思主义观点解读历史提供了一种可能一种范式。正是这一大批马克思主义史学家的研究，为范文澜的通史写作提供了条件。

毛泽东和范文澜最初商定，《中国通史简编》的预设读者对象为中共党政军干部，甚至带有帮助他们补习文化的功能，因而范文澜在写作这部书的时候，力求通俗易懂，全部使用语体文，避免用典。这也是范文澜对中国通史表达方式的一个重大贡献。这部书之所以能够从最初的两卷本不断演化不断扩充，甚至直至今天依然能够写续篇，能够每年重印，在很大程度上得益于范文澜在表达方式上的重要改变。

《中国通史简编》是范文澜用心血浇铸而成的，也是他才华的全面呈现。这部著作按照作者的理解划分中国古史的各个阶段，用马克思主义唯物史观描述中国社会几千年的发展，比较细致地展示了各个时期的历史状况、社会特点、重大事件和制度渊源及变迁，充分肯定人民群众是社会发展的动力，是历史的主人，又用相当篇幅反映英雄豪杰领袖人物在政治演变中的功能和价值，恰当评价他们在历史上的正反面作用。对于周边民族，对于传统文化，作者也一反传统视角提出新的看法，不再视周边族群为蛮夷为未开化，不再将传统看作一成不变只有优点，而是具体问题具体分析，继承精华，抛弃旧时代旧体制所遗留的糟粕。全书大气磅礴，主干清晰，分量适中，详略得当，仅用五十多万字就将自远古至清中期的历史脉络给予明白交代，实属不易。

按照范文澜自己的归纳，《中国通史简编》与旧通史相比具有这样五点好处：一是充分肯定了劳动人民的作用，否定了旧史书以帝王将相为历史中心的观点和做法；二是以阶级斗争作为中国历史的基本线索，着重论述中国各族人民反侵略反压迫的革命传统；三是运用社会发展的理论和一般规律分析中国社会，将中国历史分成几个阶段以便于理解、便于讨论；四是重视对中国古代科学成就的描述，以增强民族自信心和自豪感；五是强调中国自古以来就是一个统一的多民族国家，强调中国自古至今的统一性。很显然，这些分析有的在今天看来可能有点不合时宜了，但在当时对于打破旧史学对中国历史解释权的垄断，还是意义重大、不容忽视的，中国历史的表达由此发生根本改变，提供了另外一种全新的解释框架和体系。

《中国通史简编》上册共分三编。第一编为《原始公社到中央集权的民族国家的成立——远古至秦》。这一编共有六章。第一章为《原始公社时代——禹以前》，主要讲述黄河流域最早的居民，关于远古、黄帝及其后裔、尧舜禹的传说以及原始公社制度等问题。这里除了继续利用中国古代丰富的神话传说外，也对近代以来的考古发掘，对于西方的民族学、人类学成果有所吸收有所借鉴。

按照范文澜所信奉的唯物史观，原始公社逐渐解体之后，就是奴隶制度的发生，所以第一编第二章集中讨论这个问题。虽然采用奴隶社会这个叙事框架，但叙事依据还是传统古代文献，问题集中在夏代的传说、商代的事迹，以及商代的生产方式和制度文明等。这里之所以能够对商代的历史文化有很多叙述，显然得益于考古学的发掘和甲骨文研究。

范文澜主张西周封建论，所以在第一编第三章集中讨论西周为什么是中国封建社会的开始。封建制度、封建社会是中国马克思主义史学家独创的一个特殊概念，今天的读者不太明白这些名词的确切含义，但这些概念在 20 世纪 30 年代之后曾长时期影响中国史学界。至于范文澜的论证，其实也没有多少疑难，他主要从西周初年的生产方式、周怎样灭殷、周初大封建、社会阶层分化、民族间的斗争及西周灭亡等方面进行讨论，只是西周初年的大封建与范文澜的封建社会定义在这里显得有点不太协调，两个概念之间没有任何关联。

在接下来的第四、第五章，范文澜集中讨论春秋和战国两个时代的社会情形，与旧史学只描述政治发展不同，范文澜在这些地方比较关注社会物质生活的进步，注意从土地制度、农业生产工具的进步、赋税制度等经济的层面解释历史的进步与变化，并为接下来的秦朝统一中国提供讨论的背景。

儒家经学和思想史是范文澜学术上的长项，他到延安不久就为高级领导人开设经学史系列讲座，深得毛泽东等人好评。在这部简洁的通史中，第一编的最后一章即第六章就专门介绍《周代思想概况》，讲述了孔子、儒家及其所传经典，讲了墨子及墨家、老子及道家，以及孟子和荀子等。

《中国通史简编》第二编共七章，讲述秦汉至南北朝数百年间的历史，标题为《民族统一的中央集权的封建国家成立后对外扩张到外族的内侵——秦汉至南北》，显然比较侧重于民族冲突与交融，这也是旧史学一般不会特别注意的。第一章《官僚主义中央集权的民族国家的成立——秦》，主要是说秦朝统一后怎样建立新制度，接着就详细解读秦朝为什么二世而亡。第二章以"对外扩张时代"概括两汉数百年历史，与旧史学不同的是描述了两汉的农民生活状况、两汉的工商业以及农民起义。这是范文澜为马克思主义史学贡献的新内容。第三章为《内战时代——三国》，说三国；第四章为《外族侵入时代——两晋》，说两晋；第五章为《中国文化南迁时代——南朝》，说南朝；第六章为《异族同化时代——北朝》，说北朝。这些篇章以简洁的文笔叙述了几百年间的政治变迁、民族冲突与融合、文化变迁，虽说是简编，但确实线索清晰，重点突出，使读者在有限的阅读中把握历史的大趋势。在第二编的第七章即最后一章专讲"秦汉以来文化概况"，介绍儒家、道家、道教、佛教，以及儒释道三教冲突与融汇。这种末章叙述思想文化的写法几乎成了范文澜学派的一个特征，此后但凡受过范文澜影响的差不多都这样安排。

在《中国通史简编》第三编，范文澜讲述了隋朝统一之后直至鸦片战争这段时间的历史，总题目叫作《封建制度社会螺旋式的继续发展到西洋资本主义的侵入——隋统一至清鸦片战争》。第一章为《南北统一时代——隋》，专说隋；第二章为《封建制度发展时代——唐》，专说唐；第三章为《大分裂时代——五代十国》，专说五代十国。这三章依然归属于《中国通史简编》上册。

到了《中国通史简编》下册，依然接续第三编，其第四章为《国内统一封建制度进一步发展时代——北宋》，专说北宋；第五章《外族侵入北方，南北分裂时代——金与南宋》，专说金与南宋；第六章《外族侵占全国社会衰敝时代——元》，专说元；第七章《封建制度更高发展时代——明》，专说明；第八章《外族统治，严格闭关，社会停滞，西洋资本主义侵入时代——鸦片战争以前的清朝》，专说鸦片战争以前的清朝。第九章依循前例，为《隋唐以来文化概况》。

仅从结构上说，范文澜的《中国通史简编》为我们提供了对中国历史更加丰富的表达，比如过去通史著作中无法容纳的宗教史、思想文化史等，在这部书中都有适当的位置。像第九章所展示的佛经的翻译、佛教的盛行、道教的发生与发展、儒释道三教冲突与融合，尤其是三教合流之后产生的宋学，又将宋学分成正统派的宋学、反对派的宋学，这就比原先只说政治史的通史著作前进了一大步，更加丰满和充实。

当然，这部书毕竟是中国马克思主义史学家的开山之作，因而也有一些问题，比如在社会分期、农民战争、传统中国的贸易政策、国内各民族之间的关系方面，范文澜《中国通史简编》还有修正补充的空间。这些都在其后来主持编写的多卷本《中国通史》中得到扩充和修正，这部修订后的著作至今依然是党政干部最喜欢的通史类作品，年年重印。

李约瑟与中国科学技术史

　　四百多年来，西方人对中国的了解不断深入，特别是随着现代中国世界影响力的增强，研究中国人和中国文化的学问越来越像国际学术界的一门显学，人人以能谈中国为自豪。而在西方人中，不遗余力向世界宣讲中国古代科学技术奇迹的李约瑟无疑最具影响力。

　　李约瑟（Joseph Needham，1900—1995）是英国人，1937 年中日战争全面爆发时，他已是英国剑桥大学一位具有相当成就的生物学家，那一年，他不过三十多岁，前途无量。谁也想不到的是，因为一个偶然的机会，他在几位中国留学生的影响下，转而皈依中国文明，将毕生精力贡献给了中国科学技术史的研究事业。

　　影响他的这几位中国留学生，有在李约瑟去世前两年多方才与之结合的鲁桂珍，还有鲁桂珍的同学王应睐、沈诗章等人。这些成绩优异、聪明机智的中国留学生使李约瑟发现东方文明并不像西方主流学术界所说的那样毫无可取之处，而是在很多方面与西方近代文明比较接近，有许多共同的地方。所以，三十七岁的李约瑟决定学习中文，以便直接阅读中国典籍。

在著名汉学家夏伦教授（Gustave Haloun）指导下，李约瑟从阅读《管子》开始，边学汉语，边进行研究，通过几年探索，李约瑟确实迷上了中国文明，尤其是中国人在科学技术方面的成就。

还应该指出的是，李约瑟后来之所以毕生致力于中国文明的研究，与他的知识构成、思想倾向也有若干关联。他自始就不是一个单纯的一流生物化学家，他远比一般的科学家有思想有看法，他对哲学、宗教、伦理学甚至马克思主义都有兴趣有研究。魏特夫 1931 年发表的《为何中国没有产生自然科学》一文，可能对李约瑟产生了非常大的影响，直接激活了李约瑟研究中国文明史的兴趣，使李约瑟更热衷于探讨科学史上一些悬而未决的问题。

1942 年，李约瑟受英国政府任命，前往中国担任英国驻华使馆科学参赞，稍后又受英国皇家学会委托，援助中国战时科学与教育机构，主要负责在陪都重庆筹建中英科学合作馆（Sino-British Science Cooperation Office），为中国科学界服务，包括提供文献、仪器、化学试剂以及传递科学信息，建立中外科学界的联系等。李约瑟由此得以结识一大批中国一流学者，包括数学、物理、化学、工程、医学、天文、史学、考古、语言、经济、思想史、社会学等方面的专家。他们同李约瑟讨论了中国古代历史文化、科学发展和社会经济等一系列学术问题，很自然地提示李约瑟如欲研究中国文明应该读什么书、买什么书，并详细讲解每门学科史中的关键问题。在与中国学者的密切交往中，李约瑟眼界大开，对中国文明的认识日趋加深，进一步坚定了研究中国文明的信心和决心，逐渐积累了足够数量的相关资料，为其日后撰写

《中国科学技术史》奠定了坚实基础。

与很多中国学者不一样的是，李约瑟不仅致力于文献搜集、考订与研读，而且注重实地考察，在那短短几年间，他在中国学者的帮助下，走遍了大半个中国，东到福建，西至敦煌千佛洞，直接感受中国文明遗迹带来的震撼，获得大量研究灵感。

丰富多彩的在华经历使李约瑟对中国文明有着一般西方人不曾有的直观感受。他在那时就认为中国人一点也不亚于欧洲人，中国古代文明对人类历史的贡献可能比希腊、罗马时代的欧洲人还要大；中国文明的许多成就后来传到西方，成为世界文明的一个组成部分。这并不是李约瑟对中国科学家的恭维话或外交辞令，他后来拿出毕生精力构筑中国文明研究的理论基础。李约瑟后来的一些重要学术观点似乎都发源于他当年在华的经历。

四年的时间很快就过去了。1946年春，李约瑟结束在华使命，前往巴黎出任联合国教科文组织自然科学部主任。两年后，他返回剑桥，潜心学问，开始了七卷本《中国科学技术史》的写作。该书第一卷1954年由剑桥大学出版社出版，轰动西方学术界，被视为20世纪重大学术成果之一，它第一次系统地将中国文明成就介绍给欧洲，介绍给世界。至李约瑟1995年逝世时，他为之呕心沥血五十年的《中国科学技术史》写作基本完成，内容涉及哲学、历史、科学思想、数学、物理、化学、天文、地理、生物、农业、医学及工程技术等诸多领域，皇皇巨著，震惊世界。

在李约瑟长达半个多世纪的研究生涯中，一直有中国学者为其提供帮助。先后协助他进行研究的中国助手主要有火药史研究专家王铃博士，研究生物化学的鲁桂珍博士，对炼丹、火药等专业领域都有深入研究的何丙郁教授，对中国图书史有独到研究的钱存训，长期担任李约瑟秘书的黄兴宗以及著名史学家黄仁宇等。李约瑟还与西方国家著名学者通力合作，进行跨国跨专业研究。

在《中国科学技术史》这部划时代巨著中，李约瑟第一次全面系统地整理中国古代文明的史料，用现代科学作为参照，阐明中国文明对世界文明的巨大贡献，展示了中国文明在物理学、数学、生物学等各个领域无与伦比的成就。1968 年，李约瑟在巴黎获得第十二届国际科学史和科学哲学联合会授予的乔治·萨顿奖章。这可是国际科学史界的最高荣誉。1974 年他当选为国际科学史和科学哲学联合会科学史分会主席。1949 年后，李约瑟多次来华访问，曾受到毛泽东等中国领导人的接见，被誉为中国人民的老朋友，在中国科学界享有崇高声誉。

李约瑟在写作《中国科学技术史》的过程中，有几个问题始终在他的脑海中闪现，促使他进一步思考中国文明与西方文明乃至人类文明整体之间的关系。李约瑟的这几个问题是：

一、为什么与系统的实验和自然假说的数学化相联系的近代科学及随之而来的工业革命首先在西方迅速兴起？

二、为什么在公元前 2 世纪至公元 16 世纪的漫长岁月里，中国在发展科学技术方面比西方更为有效并遥遥领先？

三、为什么中国传统科学一直处于原始的经验主义阶段，而没能自发地出现近代科学及随之而来的工业革命？

这就是李约瑟毕生探讨的"问题"，也就是所谓的"李约瑟难题"。

李约瑟认为，西方人常说中国自古以来没有科学，中国学人侧重于人文科学与哲学探究。其实仔细考究中国文明的细节，就很容易发现中国古代哲学对许多命题的论证都很合乎科学的解释，后世中国人遵照这些解释在技术上有很多发明与创造，且深刻影响了世界文明的进程，至少在16世纪之前，中国人在科学上的进步远远领先于欧洲乃至世界。

李约瑟对中国古典文明在科学技术上的成就高度推崇，根据他的研究和解释，欧洲人近代以来的许多重要发明可能并不是"首创"，即便欧洲人没有受到中国人的直接影响，也必须承认中国人在许多方面走在欧洲人的前面。例如天文学方面，幻日现象（因为大气上层的冰结晶体而形成太阳虚像、日晕和弧光）西方人是在公元17世纪发现的，而中国天文学家观察到这种现象至少比欧洲人早了整整一千年，并对其每一个组成部分加以描述，给予定名。

根据李约瑟的研究，当西方人争论谁在1615年左右最先发现太阳黑子时，中国早在公元前18年便记录了太阳黑子，比欧洲早了一千五百年。公元前1400年至公元1600年间，中国有九十项超新星记录，其中1054年一颗名为"天关客星"的超新星爆发，留下了蟹状星云，直到1731年才被一位英国天文学家发现。中国早在公元前1361年就有日食记录，公元前1600年至1600年间有五百八十一项彗星记载，公元前467年有哈雷彗星的记录。

数学方面，解高次方程的霍纳法是法国数学家霍纳（W. G. Horner，1786—1837）于1819年提出的，然而根据李约瑟的研究，宋代数学家秦九韶在1247年提出的方法实际上与霍纳法一致，却早于霍纳五百七十二年。

机械方面，瓦特以后所有的蒸汽机以及内燃机中都有的连接杆和活塞杆的结构，第一个发明者不是意大利文艺复兴时期的工程师或西方的什么人，而是14世纪的中国人王祯。王祯在冶炼所用的水力鼓风炉中首先使用了这种奇妙的连接杆和活塞杆，虽然没有欧洲人后来的发明精密，但道理是一致的。

又比如，近代科学革命的关键仪器时钟，其核心是擒纵装置，过去认为这个装置是14世纪由欧洲人发明的，但根据李约瑟的研究，723年唐朝僧人一行就已制造出这种装置，1090年苏颂在开封研制的水运仪象台构造中便有机械钟。这种中国时钟由英国人坎布里奇（John Cambridge）复原后，每小时误差在二十秒以内。

物理学方面，根据李约瑟的研究，当西方人对磁极性一无所知时，中国人已在关心磁偏角及磁感应性了。在英国人尼坎姆（Alexander Neckam，1157—1217）于1190年首次提到磁极性和磁感应之前，沈括已于1080年对磁针作了描述并指出磁偏角的存在。指南针的知识是在12世纪从中国经陆路传到西方的，欧洲人知道磁偏角是在15世纪。

化学方面，李约瑟指出，西方人在13世纪以前还不知道硝石为何物，而中国大约在五代宋初成书的《真元妙道要略》就记载以硝石、硫黄和木炭制成火药混合物，1044年的《武经总要》更是给出了最早的军用火药配方。

又如，公元1380年前，欧洲人还无法制造出一小块铸铁，而中国早在公元前4世纪已规模化生产铸铁了，到1世纪中国人已是铸铁大师，欧洲人相比之下落后了一千五百年。李约瑟还根据考古资料，将中国古代的冶炼炉与后来西方的冶炼炉作了对比，认为中国古代在钢铁冶炼技术方面长期处于遥遥领先的地位。

在植物学方面，明代朱橚于1406年刊行的《救荒本草》列举可供救荒食用的野生植物四百一十四种，对其生态特征、地理分布和处理方法都作了说明，并附有精美的植物插图。欧洲直到18世纪布雷安特（Charles Bryant）才开始注意到野生植物的食用价值，比中国晚四百年。西方第一部印刷的植物图集出现于1475年德国人康拉德（Conrad）的《自然志》中，但比《救荒本草》晚了六十九年。

免疫学是近代医学中最伟大、最有益于人类的一个学科，特别是对天花的预防有着不可磨灭的贡献。根据李约瑟的研究，公元4世纪的葛洪最早记载了这种疾病，中国人在11世纪已发明天花预防接种，16世纪中医已公开著书介绍这种疗法。而欧洲人长期对此一无所知，许多患者因此失去生命。中国种痘法西传后，18世纪经土耳其传到英国。19世纪初，爱德华·真纳（Edward Jenner，1749—1823）发现牛痘苗可安全预防天花。

如此等等。李约瑟的研究不仅有助于中国人重建科学上的信心，而且有助于欧洲人克服傲慢与偏见。他明白无误地告诉欧洲人，中国的科学不是基督教传教士的慷慨恩赐，并不是在中国文明里毫无根基，相反，科学在中国文明中有光辉灿烂的历史和深厚的根基。李约瑟的研究当然使我们感到振奋，不过我们的困惑在于，如果没有欧洲人后来的再发明再发现，中国人在先前几百年乃至几千年的发明、发现有什么意义，有什么价值？一个最明显的例子是，中国人既然在葛洪的时代就有了天花的预防与治疗知识，为什么到了明清之际传教士来华的时候，中国人依然对欧洲人的天花预防、治疗技术佩服得五体投地呢？

所以说，李约瑟的研究在本质上是以欧洲人后来的贡献作为参照系，回观中国人在过去的贡献，其研究思路与明清以来的"西学中源说"有着异曲同工之妙，都是将萌芽比作大树，将相似看作相同。李约瑟的研究自然很有成绩，但是我们中国人绝不能见李约瑟的研究而大喜，重犯近代"西学中源说"的错误。李约瑟的研究实际上是将中国古代许多技术性、观察性、记录性、个别性的事例作为通例进行处理，将萌芽作为大树，作为森林。其实，我们不必讳言自古以来的中国文明本来就是偏重实用，缺乏抽象的、逻辑的、分析的、演绎的科学系统。这不是中国文明的缺点，而是中国文明的伟大独特之处。

李约瑟的这种研究和阐发，是要告诫欧洲人不要骄傲和自大：你们在文明上的成就，其实很早的时候在中国就有萌芽，只是中国人没有将这些萌芽催生为大树而已。李约瑟的研究具有文明再发现再解读的价值，但很难说这种解读与再发现就是历史本然。所以当我们仔细研究了李约瑟的全部论证后，我们还是比较认同这样的判断：李约瑟的研究依然证明了中国古代文明有技术而无科学，尽管这个判断并不一定会得到李约瑟的认可，甚至与李约瑟毕生所要论证的结论相反——李约瑟之所以耗费毕生精力研究中国科学技术史，用他自己的话说，就是要纠正人们"一个普遍的错觉"，那就是"似乎中国的成就毫无例外地是在技术方面，而不是科学方面"。

费正清与西方对中国的看法

随着近代中国在国际社会重新发声，占据越来越大的舞台，世界需要了解中国，于是一门以研究中国为学问的"中国学"应运而生。海外中国学发展的来龙去脉，谈起来比较复杂，但要说在中国学领域影响最大的学者，毫无疑问是美国人费正清。他不仅培养了西方世界一代又一代的中国学传人，而且深刻影响了西方人对中国的看法，甚至西方国家政府的对华政策。

费正清曾是美国哈佛大学终身教授，是美国乃至整个西方世界最负盛名的中国问题专家，是美国乃至整个西方世界中国近代史研究领域的泰山北斗，是头号中国通。费正清是哈佛东亚研究中心创办人，历任美国亚洲研究协会主席、历史学会主席、东亚研究理事会主席，毕生致力于研究中国，也曾为美国政府提供政策咨询。

费正清1907年生于南达科他州，病逝于1991年。他的父亲是一位牧师，母亲是位女权主义活动家。费正清早年热衷政治，在很大程度上就是受到他母亲的影响。

1927年，费正清进入哈佛大学，主攻文科，包括希腊语、历史、哲学、艺术等。那时的哈佛还没有开设有关东亚的课程，费正清个人更没有想到以后会从事东亚和中国研究。在哈佛两年后，费正清于1929年秋赴牛津大学学习，专业方向为东亚研究。

要想深入研究中国，无疑必须掌握汉语，了解中国的实际情形，必须到中国来。为此，费正清在牛津从事研究的时候，就设法申请了一笔奖学金，于1932年初来到中国，一方面进修汉语，一方面在清华大学历史系担任讲师，主要讲授经济史，同时接受历史系主任蒋廷黻教授指导，从事新的研究。

蒋廷黻是近代中国外交史研究的奠基者。在蒋廷黻指导下，费正清将博士论文题目确定为《中国海关的起源》，后经过补充修改，论文于1954年以《中国沿海的贸易与外交——通商口岸的开埠（1842—1854）》为名正式出版，此乃后话。

费正清由于在清华工作，由于与蒋廷黻有着不同寻常的关系，因而和中国学者建立了相当密切的关系。费正清的新婚太太费慰梅也是研究中国艺术和建筑的专家，因而他们与梁思成、林徽因夫妇成了最亲密的朋友。"费正清"这个中文名字其实就是梁思成这个时候替他起的。他的英文名是John King Fairbank，一般译为约翰·金·费尔班克，梁思成觉得，费氏正直清廉，而且"正"与"清"两个字的读音与John King相近，这个名字像是中国人的，与他的职业更相合。

1935年年底，费正清结束了在中国的研究工作，次年1月返回牛津，同年秋，进入哈佛大学担任教职，与汉学家赖肖尔一起在哈佛开设东亚文明课程，并很快晋升教授。1941年，太平洋战争爆发前，费正清被征召至华盛顿特区情报协调局远东组工作。翌年被派驻重庆，身份是美国国务院文化关系司对华关系处文官和美国驻华大使特别助理。这次中国之行，费正清负有考察了解中国高级知识分子情况的使命，因而与在西南联大的一批老朋友如金岳霖、张奚若、钱端升、陈岱孙、陈福田等教授建立密切联系，了解战争状态下中国知识分子的真实状态。他以为这些高级知识分子正在缓慢地陷入精神和肉体两方面的饥饿状态，尤其是生活上的艰辛可能会毁灭这一代优秀的知识分子。这种危机感和恻隐之心促使费正清从维护现代民主价值的立场，建议美国政府向这批中国高级知识分子提供援助。一年后他返回华盛顿，调陆军情报局远东部。

到了 1945 年，随着世界反法西斯战争的胜利结束，费正清重回中国，为美国新闻处工作。费正清与中国知识分子尤其是偏左的知识分子有广泛接触，对于即将发生的国共内战，费正清认为责任大约在国民党和蒋介石，他甚至在美国的刊物上发表文章，公开质疑美国政府的对华政策，以为美国继续支持国民党政府，其实就是支持了内战，不仅不合乎美国的利益，也与中国人民的利益相背离。

1946 年，费正清重回哈佛大学课堂。此后，他一方面在哈佛讲授中国历史与文化，培养弟子，从事研究，另一方面就美国的对华政策发表意见，逐渐成为西方世界公认的中国问题权威，对美国的对华政策发生过重大影响，成为政学两栖的重要人物。

随着费正清在政学两界影响逐步增强，他在 1955 年获得哈佛大学和福特基金会资助，主持创建哈佛大学东亚研究中心，担任主任至 1973 年。他 1977 年退休时，哈佛大学东亚研究中心更名为费正清东亚研究中心，以表彰他对东亚研究和哈佛的贡献。

费正清对西方中国学的贡献，一是做出了重要的研究成果，二是培养了众多中国学人才，三是组织中国学学者进行项目合作，四是为美国政府提供有关中国问题的政策咨询。费正清在这几个方面都成绩斐然，贡献良多。

就个人成就而言，费正清是西方汉学研究向现代中国研究转变的过渡人物，他从古典的汉学研究转向现代中国研究，创立了以地区研究为重点、为标志的现代中国学。作为现代中国和东亚研究的开创者、奠基者，费正清的个人成就非常突出，一生中独自撰写及合作编辑出版的著作多达六十种。

费正清的《中国沿海的贸易与外交——通商口岸的开埠（1842—1854）》是根据他在牛津大学的博士论文《中国海关的起源》改写而成的。这部著作详尽探究世界各国与中国的贸易开端、中国的贸易体制以及中国在列强压力下被迫开放通商口岸的过程，奠定了中国海关制度机构史研究的基础。这部著作由哈佛大学出版社1953年出版，迅即为费正清赢得了巨大的学术声誉。

在从事个人研究的同时，费正清特别注意中国学研究工具书的编纂。他与刘广京合作编写的《近代中国——1898—1937年中文著作书目指南》，与邓嗣禹等合作编写的《中国对西方的反应——文献通考（1839—1923）》《中国对西方的反应——研究指南》，以及《清代文献》等，都是西方世界中国学研究者最重要的入门书，通过对大量文献的排比提要或注释，为初学者提供了一个非常重要的入口。

中国是世界上最重要的国家之一，中国需要世界，世界也需要中国，让西方人真正了解中国，其实也是西方汉学家、中国学家的一项重要工作。费正清在一生中一直比较关注这项工作，且身体力行，他的《美国与中国》就是为西方世界一般公众而写作的有关中国以及中美关系的普及型作品。这部著作虽说不是专业的学术作品，但确实是费正清多年中用力最多的一部著作，是研究中国历史与文化、研究中美关系的力作，也是美国中国学界的代表作之一。这部作品没有像一般的历史学著作那样追求细节的翔实，还原变化的曲折，而是以比较平实的笔调提纲挈领地介绍中国的自然环境、历史演变、社会结构、文化传统、生活方式以及中国与美国的关系，有关过去，有关现在，从中也能感受到作者对中美关系未来的殷切期待。

《美国与中国》初版问世于1948年，出版之后立即受到学术界的重视和读者的普遍欢迎，获得很高评价，被誉为有关中国历史文化和中美关系史的经典之作。它后来出到第五版，对西方人特别是美国人了解中国发挥了巨大作用，甚至是美国总统尼克松1972年访华前阅读的重要参考书之一。目前在中国读书界流行的是第四版。

费正清的个人著作奠定了他在学术界的领袖地位，而真正使他的这种领袖地位获得国际认同的还是那套皇皇巨著《剑桥中国史》。

《剑桥中国史》系列著作策划于20世纪60年代初期，正式动手编写是在60年代中期。这是一个国际合作项目，据说参加撰稿的一百多位专家来自十几个国家和地区。按照规划，《剑桥中国史》全套十五卷，每卷都由该领域的世界顶级专家执笔，最后由资深编辑总其成。《剑桥中国史》想要充分吸收西方世界有关中国研究的最重要、最新的成果，费正清在规划中之所以特别强调选择作者的重要性，其用意也就在于此。从后来的成书看，《剑桥中国史》确实做到了这一点，从先秦至晚清至民国，乃至中华人民共和国的历史，这部书即便有个别章节显得有点薄弱，但总体而言，确实是到那时为止西方世界了解中国历史与文化的最好著作。

由于这部著作启动编写工作的时候，中国正处在高度封闭的"文革"时代，中国人的研究成果甚至中国内地出版的资料，费正清和西方学者并不太容易得到。中国学者在当时也几乎根本不知道这部著作，中外学术的交流在那个时代真的是彻底中断了。直至中美重建外交关系，中国学者才渐渐知道有这套书，从1985年开始，中国学术界逐渐将这套书引进翻译过来。

最先引进中国翻译出版的是《剑桥中国晚清史》。这本巨著出版后给中国近代史研究者乃至整个中国史学界以极大震动，使如在井底的中国学者知道历史还可以这样自由表达，并不都像苏联专家所说的那样需要统一的说法、官方定论，更不要完整体系、整齐划一。在那之后，中国学者几度试图参照《剑桥中国史》的方式组织编写一套或几套有关中国历史与文化的大型著作，希望以此反映中国学者在中国史研究上的成就，但都因种种原因而作罢。

《剑桥中国史》这套超级论文集的引进持续了二十多年时间，这套著作为中国学术界提供了一套全新的话语体制，在很大程度上促动了中国历史学界的表达演变，极大地推动了中国历史学与原来的苏联模式渐行渐远，使中国历史学的研究方法多元化，表达方式多样化自由化，极大推动了中国史学的繁荣。

费正清主持编写的《剑桥中国史》系列不仅在方法上组织形式上为中国学者提供了一个新鲜的经验，而且在理念上也曾给中国学者以极大震动，特别是《剑桥中国晚清史》及费正清在其他著作中提出的"冲击—回应"模式，带给中国学者的就是一次巨大冲击。

"冲击—回应"模式是讨论近代中国历史发展时使用的一个模型，这个模型在20世纪50年代之后曾经长期流行于西方特别是美国中国学界，认同、坚持这一模型的并不是费正清一个人，但毫无疑问费正清的影响最大。这个模型代表了费正清那一代和下一代西方中国学学者的普遍看法，他们差不多都用这个模型解释近代中国的变化。

按照"冲击—反应"模式，在中国传统社会，儒家思想长期占据意识形态的主导地位，这对于传统中国的政治稳定社会稳定起到了非常巨大的作用。所谓中国传统社会两千年并没有多大变化，在他们看来主要就是因为儒家传统。

但是到了明清之际，工业革命使西方产能过剩，新航路的开辟使大量西方人得以来到中国沿海寻找贸易机会，于是西方的思想文化宗教等，都随之传入这个古老的东方国家。

对于异样文明，按理说儒家文明并不持排斥的立场，但是由于中国社会长时期的停滞不前，古老的中华帝国对外部世界表现出惊人的惰性，不管是明朝还是清朝，都选择了闭关自守，排斥一切外来势力。于是，西方势力的东来和要打开中国大门的坚定信念，在费正清看来对中国社会乃至政治发展都构成了巨大挑战、巨大刺激，为中国提供了一种进步的机遇。按照费正清的解释，此后中国的重大变化，都可以从西方的影响这个刺激中寻找原因，中国的变化就是对西方刺激的反应。

"冲击—反应"确实在很长时期为近代中国历史的发生发展提

供了一种解释框架，因为毕竟近代中国面对的问题不是自生的，而是来自外部环境。如果没有西方的刺激，中国或许也能够像西方一样缓慢进入近代社会，但是这个过程一定会非常漫长。自20世纪80年代开始，中国学者从这个视角对近代中国的历史重新进行研究，并由此衍生出一种"现代化模式"的解读框架，承认近代中国的问题不是来自中国社会内部，而是一种外生问题，中国近代史是中国向西方学习的历程。

　　费正清的"冲击—反应"模式长期影响西方和中国的学术界，但这种模式过于强调中国问题的外部性，否定了中国问题内生的任何可能，未免有点极端。于是，从20世纪60年代晚期开始，在费正清的弟子门徒中就酝酿着一种批判的思潮，以为"冲击—反应"过于机械，过于笼统，至柯文的《在中国发现历史》出版，费正清的"冲击—反应"慢慢成为诸多解释中国近代史模式中的一种，即便还有人坚持，但总要考虑近代中国社会发展进步的内在原因和内部需求。

　　《剑桥中国史》系列和费正清的《美国与中国》都是记叙中国历史的典范之作，中文有不少版本，很好找，也很好看，是值得向党政干部和一般读者推荐的中国历史读本，通过它们可以知道西方怎样看待中国，怎样看待近代中国历史变化。

唐德刚先生逝世十年祭

如果不是徐伟兄提醒，我根本没有想到唐德刚先生竟然已经去世十年了。书比人长寿。唐先生不在了，但十年来不时恭读唐先生的著作，似乎从来没有感觉到他已远去。

吾皖"老母子"

当今中文读书界，"吾皖"唐德刚先生和余英时先生影响极大。余先生深刻、博大，从许多根本观念上极大影响了我们这一代学人；唐先生博学、幽默、机智，善于叙述，会讲故事，他的作品让一代又一代中文读者欣赏到纯学术作品难有的情趣，又有一般通俗作品所不具备的学术性。

唐先生是"我们安徽"肥西人，1981年再访中国时，曾回老家省亲，并到我所在的安徽大学讲学，从而让我们这些身处封闭环境的学子得见国际一流学者的风采，聆听唐先生的妙语。我依然记得唐先生在分析中美学术差别时借用当时中国的政治术语，强调美国的学术是"第一世界"的学术，因而他们可以不问有用无用，完全以自己的兴趣作为学术的进路；而中国是"第三世界"，因而中国的学术也只能是第三世界的情形，就是在历史学的研究选题上也只能遵循实用的原则，只能大而化之，而不能像美国学者那样去做那些鸡零狗碎的小题目。后来史学界讨论所谓"碎片化"，我自然想起唐先生当年的说法，以为"碎片化"不仅不是学术的退步，反而标志着中国学术从第三世界向第二、第一世界迈进，是一种进步。

出洋留学、生活几十年，唐德刚先生说话其实已经不带合肥那些特殊的口音了。但或许是为了调侃，或许确实想到了自己的青少年时代，他在讲堂上动辄便说吾皖"老母子"。这句话，写在纸面上感觉不出趣味，要用唐先生那纯正的肥西口音说出来才行，当然最好还要伴随着他那特有的面部表情。

由于都是安徽人，唐先生后来到北京开会，我们这批寓居北京的安徽籍历史学者总会想办法合起来请他吃饭闲聊。那时，还有他中学时候的玩伴在，我们作为后生小子，听着前辈亲密无间、无所忌讳地讲故事，虽插不上嘴，但确是幸福在焉，至今令人回味。

我还有幸在胡适学术研讨会、安徽近代人物国际学术讨论会以及本所召集的一些学术研讨会上聆听唐先生的妙言妙语。记得有一次会议，有与会美女学者单独与唐先生合影，唐先生很绅士地表现出亲切状。那时的中国还相当保守，我们这些人似乎有点不适应，唐先生主动调侃道，与美女合影是老年男人的特权。一句话，引得众人开怀大笑。

口述历史先导者

唐先生 1920 年生于肥西唐家圩，后来就读于舒城中学。中日战争爆发后，唐先生随学校千里奔波，流亡大后方。后入重庆国立中央大学历史系，他的中学、大学同学，在 20 世纪 90 年代还有几位健在，我有幸聆听他们闲谈，有许多趣闻雅事，可惜那时只顾得乐呵呵傻笑，不曾有心及时记下来。

抗战胜利前夕，唐先生从中大毕业，随即返回故乡就安徽学院史地系西洋史讲席。1948 年，唐德刚先生漂洋过海，赴美留学。数年苦读，1952 年获哥伦比亚大学硕士学位。1959 年又获哥伦比亚大学博士学位，遂留校任教，并兼任哥伦比亚大学中文图书馆馆长，对哥大图书馆中文图书的征集、整理、修复，贡献良多。许多年代久远的旧报刊，因为唐馆长组织抢救，获得了新生，得以继续保存。

20 世纪 50 年代初期，由于中国政权更迭，一大批原先依附国民党，或者与国民党亲近、与共产党疏远的政治、学术乃至实业界人物纷纷到了美国做寓公，静观时局。这批人经历丰富，见闻广博，对于研究晚清以降的中国历史，无疑是一个不可再生的丰富资源。或许正是基于这样的现实，哥大东亚研究所成立"中国口述历史学部"，聘请唐德刚先生为专任研究员，负责制定口述历史编纂计划。

哥大口述历史学部先后拜访胡适、李宗仁、顾维钧、何廉、蒋廷黻、陈光甫、张发奎、吴国桢等人，形成一批英文口述历史著作。后来胡适接受蒋介石的邀请，回台湾主持科学研究机构。于是，唐德刚利用与胡适的特殊关系，大幅度推动了台湾的口述历史规模化发生。这些作品早些年大陆差不多都引进了，对于我们的口述历史发展启发良多。

其实，口述历史在中国有悠久的传统。读《史记》，可以清晰感觉到太史公除了阅读档案文献，一定进行了实地考察，口头采集历史人物的经历，这就是最初的口述历史。但是，科学的口述史，并不是简单地利用录音工具记录历史当事人的述说，而是有一系列规范、步骤。按照唐德刚的看法，并不是随便什么人都值得花费精力做口述历史，首先要看这个人物在历史实际过程中的地位、作用。从唐德刚所做的口述历史看，胡适、李宗仁、顾维钧、张学良，基本上都是政界学界公认的大人物，都在历史的重要关头发挥过不可替代的作用。口述历史就是要记录这些人物在关键时刻的所思所想所为，最大限度为历史研究留住宝贵的一手资料。

至于实际操作，也不是听凭当事人信马由缰地讲下去，而是要提前做好充分的案头工作。要阅读有关他的著作、文献，如果能够查阅相关的档案最好，根据这些资料，在与他正式开谈前，至少要做一个比较详细的日谱或年谱，这样就可以引导他讲出真实的历史，而不是根据后来的感受重构历史。

今天的中国，口述历史后来居上，蔚然成风。但凡有问，我差不多都会格外推崇唐先生开启的合乎规范合乎流程的口述历史研究。口述历史绝对不是当事人说，整理者笔录，而是有一个复杂的研究过程。口述历史的转写者所要投入的精力丝毫不比做专题研究少，甚至远远超过一般的课题研究。这在唐德刚先生亲自操刀而成的胡适、李宗仁、顾维钧等人的口述历史文本上表现得最为突出。

"胡适之老学生"

　　1972年，唐德刚先生受聘为纽约市立大学教授、亚洲研究系主任。在这里，唐先生对于历史教学，对于近代中国历史叙述体系进行了深入探讨，并为其"衰年变法"奠定了基础。他在1997年为《晚清七十年》作序时不无感慨地强调："作为一个以历史为专业的教师，我个人自二十四岁开始在大学教授历史以来，至此已四十余年。在此将近半个世纪的教学生涯中，什九是在纽约的两所大学里度过去了。在哥大研究院专授两门课，整整地教了七年。一门可说是包罗经史子集、诗词歌赋的汉学概述，另一门则是包含中国近现代史的史料学。上课时往往是推着整书车史料进课室的。在纽约市立大学则前后教了近四十年。前二十年在市大各分校兼课，后二十年则在市大本部的市立学院作专任。其中十二年则兼亚洲学系的系主任，并负责设计和教授多种科目。在纽约市政府和联邦政府所主办的中学教师训练班中，也曾担纲教授多种科目。总之，四十年中在纽约市大所设计和教授的科目几近二十种之多。作为一个课目设计的负责人，你纵不亲自上课，但对教学内容也必须有其彻底的掌握。加以纽约市大的学生和家长们都来自世界各地，种族、宗教和政治背景皆万般复杂。作为一个历史科目的教师，尤其是设计人，各方面可能发生的问题，都得面面顾到。日久在不知不觉中，竟会变成个无所不知，也没一项知得太多的大杂家。"

　　唐德刚先生十几岁时就已圈点了一遍《资治通鉴》（夏志清：《胡适杂忆》序），毕业于中央大学历史系，后又在哥伦比亚大学研究院主修美国史、西洋史，毕业后在哥大、在纽约市立学院长时期主讲中国史、亚洲近代史。历史是他的职业，文学是他的爱好，哲学上他也受过严格训练，其博学多闻，风趣幽默，久为学界所知。又在几个专门领域深耕细作，成就辉煌，也非一般学人可比拟。

现在回想20世纪80年代最初听唐先生演讲时的情形，总记得他一再强调自己的学问受另一位安徽人胡适影响至深，一再重申他只是胡适之先生晚年的一个"老学生"。

胡适在今日中国，其影响不可谓不大，几乎与新文化的旗手鲁迅比肩。但是，也就是三十多年前，唐德刚先生20世纪80年代初访安徽大学演讲时，作为安徽人，作为安徽大学历史系的本科生，我们真的不太知道胡适，更建立不起来亲近感。我们知道，胡适在1949年之前固然风光无限，一时无双，但在国共内战最关键的时刻，由于政治的原因，胡适被共产党列为战犯，也是为数不多的文人出身的战犯之一。又因为胡适的思想学术对中国知识界影响太深，20世纪50年代讨论《红楼梦》批判俞平伯，进而批判胡适在《红楼梦》研究上的问题，又进而展开一场规模空前、知识界几乎人人参与的批胡运动，其成果，就是1955—1956年由三联书店结集出版的八大册《胡适思想批判》。胡适成为现代中国历史上形象最负面的知识人，至我们这一辈到大学读书时依然如此。

唐德刚先生在演讲中自然而然地谈到与胡适的交往、他的趣事，如数家珍，让我们这批仅仅看过批判文章而无缘见过胡适真容，也无缘阅读胡适作品的青年读书人受到强烈震撼。那时的图书馆，胡适的作品早已下架，出版社至少已有三十年没有出版过胡适的著作。印象中，我们这一代最先读到的胡适作品，只有山东大学葛懋春、李兴芝编辑的《胡适哲学思想资料选》上下册，华东师范大学出版社 1981 年出版。这部书的上册选录了一些胡适的作品，让几十年来只知道批判而不曾真正阅读过胡适的人大开眼界。说实话，我稍后写作本科论文《胡适历史观研究》，从这部书中获益不少，毕竟减去了许多翻捡之劳。这部书的下册全文收录唐德刚先生"编校译注"的《胡适口述自传》。这大概是这部名著第一次以"内部发行"的方式与内地读者见面。

《胡适口述自传》对于 20 世纪 80 年代初期的中国知识人来说，引起的震撼是巨大的：一是胡适并不是像过去所批判的那样糟糕，胡适的温情、柔和、不偏执、善说理，赢得了大量的好感；另一方面，《胡适口述自传》给中国历史学界展示了一个完全不一样的新天地——历史还可以这样表达，人物传记还可以这样去写。

对于我来说，这部口述自传，厘清了胡适毕生的事功与思想，让我对胡适思想的理解更深入。尤其是唐先生添加的大量注释，风趣、幽默又不失庄重，显得极为亲切，让胡夫子仿佛就在我们面前聊天。胡适生平中的许多疑案，诸如博士学位问题、女朋友问题，唐先生也都举重若轻地提起放下，成为那时知识人茶余饭后的话头。

胡适之是现代中国了不起的大学者，但是如果没有这个晚年门生唐德刚为他写的口述自传，没有唐先生的《胡适杂忆》，胡适可能就像朱熹、王阳明那样的理学家或道学家，可敬而不可爱。周策纵先生在为唐德刚《胡适杂忆》写序时说，"唐德刚教授在这里把胡适写得生龙活虎，但又不是公式般装饰什么英雄超人。他笔下的胡适只是一个有血有肉，有智慧，有天才，也有错误和缺点的真实人物";"读了德刚的胡适,你也可以和他(胡适)握手寒暄,笑语谈辩,不知夜之将尽,人之将老,也在胡适里找得到唐德刚"。

《晚清七十年》

唐德刚先生毕生从事历史写作,且如此勤奋,因而著作等身,传记作品有《李宗仁回忆录》《胡适口述自传》《胡适杂忆》《顾维钧回忆录》,研究著作有《晚清七十年》《袁氏当国》《段祺瑞政权》等,均有中文本在国内出版,一印再印,版本繁多,影响巨大。在这一系列作品中,如果一定要排出个一二三,除了《胡适口述自传》,影响力最大的,无疑当属《晚清七十年》。

《晚清七十年》本是唐先生用英文写成的对中国近代史的一个"导论",后经不断增补修改而单独成篇,遂为过去二三十年全球中文世界了解中国近代历史最重要的一个读本。

这部书之所以具有如此巨大的市场影响力,原因不是作者的研究如何独具特色,如何深入,而是作者继承了传统史学、文学,尤其是明清以来历史题材话本的传统,刻意营造了历史叙事的内在紧张氛围,语言极富个性,充满磁性、魅力与魔力。特别是作者极具现实情怀,在描述近代中国历史时,不时且恰如其分地与现实适当勾连,一语点醒梦中人,读者可以不接受他的说法,但不能不佩服他的机智、幽默、博学。

同时,《晚清七十年》充分吸收了海峡两岸过往几十年中国近代史研究的成果,对于自鸦片战争以来的重大事件,都能给予合乎情理、逻辑自洽的解释，至今仍是理解近代中国一个很不错的读本。

"历史三峡"

唐德刚先生是一位实证主义历史学家，并无高深玄妙的历史哲学，但是多年读史也让他形成了自己的历史观、世界观，比如他的"历史三峡"说，就在很大程度上影响了晚近几十年中国历史叙事模式的建构。

看唐德刚先生的"历史三峡"说，可以感到王国维先生《殷周制度论》的影响。唐先生认为，截至目前的中国历史可分为三个阶段，中间经历了两次转型。第一次转型从战国至秦汉，大约经历了三百年时间，终于构建了统一的大帝国。政治上废封建，立郡县；经济上废井田，开阡陌；学术上放弃百家争鸣，实行文化独断主义的儒术独尊。这次转型为此后两千年帝制提供了一条通道，其政治设施、文化举措，都与中国的农业文明大致相合。

中国历史上的第二次转型，唐德刚先生认为当属近代以来西方因素进入引发的现代国家重构，也是我们这几代人及身而见的历史情形。这一次转型与第一次明显不同。第一次转型时，由于社会的内部发展至某一阶段，促使各方面非变革不可，那是主动的。第二次转型则不然。它主要是因为西人东来，向中国人发起着着相逼的挑战，尤其是军事的挑战，逼着中国人非转型不可。这次转型的标志主要有：政治上化君权为民权；经济上化农业经济为工商业经济；学术上化独裁、专制为开放、共享。简言之，第二次转型就是构建一个多元的现代社会。

根据唐德刚先生的观察，中国历史上的第二次转型，实在是从割让香港之后才被迫开始的。如今香港回归了，一百多年的苦难岁月悄悄过去了。从林则徐算起，至今已有五代人了。古人说"五世其昌"，在唐德刚看来，中国历史必将由此揭开新的一页："回顾前瞻，预期我民族再有四十年，应可完成国史上第二次社会政治大转型之伟大的历史任务。国有定型，民有共识，以我国我民、我才我智之最大潜力，走入人类历史上民治主义的新时代，开我民族史今后五百年之新运。九合诸侯，一匡天下，舍我其谁？"唐德刚先生在《晚清七十年》中的大胆预言尽管还没有变为现实，但其基于历史长时段研究而生发的乐观主义情绪，必将继续激励中国人奋斗向前，锲而不舍。

我 的 史 学 研 究

六十年近现代中国人物研究

历史是由人创造的，历史研究从来就以人物研究为重心、为主题。在过去六十年，中国近现代史研究发生了天翻地覆的变化，对许多重要历史人物的评价发生了颠覆性的改变：有的人走下神坛，步入凡间；有的人免于"妖魔化"，恢复本来面目。在过去的"革命话语"中反面乃至反动的人物，纷纷被重新评价，有的甚至被重新塑造成近代中国的圣人、完人，比如曾国藩。这些变化有其合理性，也有某些非理性因素在。

全面评述六十年来中国近现代历史人物研究的成就与问题，当然不是这篇文章所能完成的。囿于个人阅读范围，本文只能在尽可能兼顾各方面基本情况的同时，有所选择地略加评述，挂一漏万，势所难免。

如同整个中国近代史学科一样，近现代中国历史人物的研究在过去六十年总是随着中国政治生活的变动而改变着自己的形态和评估体系，大体说来以1979年为界分为两大阶段。[①] 前一个阶段"以阶级斗争为纲"的主张对近代人物的研究有着深刻影响，而后一个阶段，先是"去阶级斗争化"，继则多元化、多样化，"去政治化"，对许多近代政治人物的研究越来越注意其个性人格，甚至根本不再提及阶级分析和阶级立场。

两个大的历史阶段当然还可以细分，比如第一个阶段至少可以分为新中国成立后的十七年和"文革"十年。第二个阶段也至少可以分为两个时期，1979年至1989年是一个时期，1989年春夏之交的政治风波是改革开放三十年历史中的一个重要转折，此后二十年与先前十年虽然没有本质区别，但苏联、东欧的政治剧变，市场经济的剧烈冲击，深刻影响着学术界的动向，影响着近代人物研究的进程。

一、价值体系的重建与实践

1949年中华人民共和国成立以后，近现代中国历史人物研究与历史学的其他领域一样，确立了辩证唯物主义和历史唯物主义的指导地位，建立了新的价值评估体系。在此价值体系下，旧史学遵循的以帝王将相为主体的英雄史观遭到否定和摒弃，近现代中国历史人物研究的面貌发生了前所未有的变化。

---

① 1978年底，中共十一届三中全会召开，标志着新时期的开始，学术界受到的影响略微滞后。

按照历史唯物主义的观点，代表社会历史前进方向的是人民群众，因此人民群众在近现代中国历史上的活动和作用开始受到研究者的重视。如鸦片战争时期三元里以及东南沿海人民群众的抗英斗争、太平天国时期各族人民的反清斗争、辛亥革命时期各地发生的"民变"、"五四"时期的青年学生运动、第一次国共合作时期的工农运动、抗日战争时期各族人民的抗日斗争、解放战争时期人民群众的支前运动等，都成为一些新派学者津津乐道的研究对象，一部中国近现代史已不再是单纯的统治阶级帝王将相、英雄豪杰的奋斗史、争权史，而是人民群众反对帝国主义、封建主义和官僚资本主义三座大山的历史。

人民群众成了历史的主角，历朝历代被视为叛逆、流寇、盗贼等的那些人，被1949年之后的新史学奉为历史发展的动力和主力，正统史学家强加给他们的那些诬蔑、不实之词被彻底清除。马克思主义新史学认为这些所谓的叛逆、流寇、匪首、盗贼等，其实就是农民起义的领袖，就是革命家、思想家、社会改革家，他们的历史地位不容否定，他们的历史贡献值得仔细研究和表彰。他们反抗外国侵略和封建压迫的光辉业绩得到了应有的肯定，他们为挽救民族危亡和推动社会进步与发展的献身精神得到了应有的尊重和赞扬。从这个意义上说，马克思主义新史学的确是将被正统史学家颠倒的历史重新颠倒过来了。

然而由于人们刚刚开始学习和运用马克思主义唯物史观，形而上学和形式主义的东西在所难免。许多研究者虽然真诚希望运用马克思主义的观点分析问题和研究问题，但在研究实践中似乎依然重复着中国共产党在民主革命时期进行的工作，所要论证的依然是"革命无罪，造反有理"，不知道中国共产党已经从一个造反者转变为执政者，是在朝而不是在野，不知道怎样研究历朝历代的统治方略、统治思想，对于近代中国统治阶级中的历史人物，依然延续"革命话语"叙事模式，继续持一种基本否定的态度，没有及时将革命时期的历史研究转变为建设时期的历史研究。

中国马克思主义新史学在1949年之后没有发生转变的原因很复杂，并不单单受限于学术本身的规律，政治领导人的爱好、思想倾向都决定了这个转变的艰难甚至不可能。研究者特别是中国马克思主义新史学的领导人基本上还是从延安从重庆来的那一代，他们与政治领导人有一个互动，领导人的思想倾向影响着他们的史学研究，而他们的史学研究实际上也影响着政治领导人的判断。1949年之后近现代中国历史特别是近现代中国人物研究中的"左"倾思潮并不都是出于政治领导人的提倡，其实有很多内容是研究者特别是史学研究领导者组织者自发推出的，只是预设的结论与政治领导人的判断相同而已。于是，近现代中国历史人物研究的重点不是那些统治者，更不是那些稳中偏右的统治阶层中的人物，而是那些政治异端、思想异端，是那些从来不被正统史家欣赏的造反者。这从当时一些主要成果的研究范围和重点中可以比较明显地看到：1949—1965年，中国近现代历史人物研究的重点主要是那些"正面"的历史人物，如鸦片战争前后的龚自珍、林则徐和魏源，太平天国运动中的洪秀全、洪仁玕，戊戌维新运动中的康有为、梁启超、谭嗣同等维新派，辛亥革命中的孙中山、黄兴等革命派，五四新文化运动中的早期马克思主义者，以及中国共产党的领袖人物等。而对于历史上的那些"反面"、反动人物，如清王朝统治集团中的道光帝、慈禧太后、光绪帝和琦善、曾国藩、李鸿章，袁世凯和北洋军阀统治集团，蒋介石等国民党统治集团中的历史人物，除了一些批判性的宣传性作品外，相对来说缺少具有学术理性的研究成果。据不完全统计，1949—1965年撰写的林则徐以及与林则徐相关的传记性著作有十二种，而同时期关于曾国藩的只有一种，还是范文澜在1949年之前写作，1951年修订重印的《汉奸刽子手曾国藩的一生》。[①] 由此可以概见此时中国近代史学界的学术兴趣，可以知道中国近代历史人物研究的一般趋势与倾向。

1949年之后的中国史学界对历代农民起义有着特别浓厚的兴趣，太平天国和义和团运动的主要人物，尤其是太平天国的领导者洪秀全等，更是史学界竭力歌颂的对象。相对于太平天国、辛亥革命的历史人物来说，洋务运动的历史人物研究在那时比较寂寞，因为马克思主义史学家长期以来对洋务运动持基本否定态度，以为洋务运动只是挽救了清王朝，并没有将中国带上一条新路。基于这样一种价值判断，洋务运动中涌现出来的实业家和思想家，很少有人专门研究。据不完全统计，1949—1965年发表的论文，关于马建忠的有三篇，王韬的四篇，冯桂芬的十四篇，陈炽的一篇，郑观应的九篇，而同时期关于太平天国领袖石达开的论文就有二十五篇，关于秋瑾的有四十三篇，至于革命领袖洪秀全、孙中山，以及引起当代政治领袖兴趣的李秀成等人的研究论文均有数百篇。[②] 由此可见当时近现代中国史学界的研究重点之所在。

至于那些反面、反派，特别是反动的历史人物，那时不仅参

① 据复旦大学历史系资料室《中国近代史论著目录（1949—1979）》（上海人民出版社，1980年）一书的统计。

② 据徐立亭、熊炜《中国近代史论文资料索引（1949—1979）》（北京：中华书局，1983年）一书的统计。

与研究的学者少，而且大致只是延续 1949 年之后的"革命话语"，以谩骂作为基调。像曾国藩研究，仍以范文澜的成果最为著名，影响最大，但他无视曾国藩在近代中国政治风云变幻中的作为、贡献，因曾国藩镇压太平天国而将其判定为罪不容赦的刽子手，遗臭万年的千古罪人。范文澜在延安时代的这个研究或许具有强烈的时代意义，意在借古讽今，影射蒋介石集团对内独裁专制，对外投降卖国。这部著作与其说是学术论著，不如说是一篇政治宣言。从学术立场观察，范文澜这篇文章的某些结论经不起检验和推敲。比如作者反复强调曾国藩服务于清廷，断定他是"出卖民族的汉奸"，这种观点具有苛求古人的倾向。范文澜说："那拉氏、肃顺二人是当时满洲皇族里最有'政治头脑'的，他们知道为了挽救满清的统治不能依靠满人而要依靠汉奸。"① 这个基本前提如果可以成立，那么包括左宗棠、张之洞、陈宝箴、黄遵宪等在内的汉族大臣都成了汉奸，晚清史就变成一部满汉斗争史。这显然不是历史唯物主义，是以后来的理念去苛求古人。或许正是因为这样的研究理性太少，太过武断，所以 1979 年之后的反弹也就最强烈，简直是一个上天，一个入地。所谓天壤之别，用在六十年间对曾国藩等历史人物评价的变迁上可能最合适。

　　1949—1966 年之间的近现代中国历史人物研究，实际成果虽说不算太多，但关于历史人物研究的理论探讨却有很大的进展。广大史学工作者甚至包括那些成名已久的史学家都开始尝试运用马克思主义唯物史观研究历史和评价人物。比较一致的看法是，马克思主义唯物史观是评价历史人物的总原则，但是对于评价历

---

　　① 《范文澜历史论文选集》，167 页，北京：中国社会科学出版社，1979 年。

史人物是否还需要有一些具体的共同标准，则仁者见仁，智者见智。有学者认为，评价历史人物不必先设定一些固定标准，或者一定要拟定一个适用于万世而不变的公式性标准。任何时代具体的社会生活都是异常复杂的，想以一个固定公式加以概括，是马克思主义唯物辩证法所不能允许的，事实上也是根本不可能的。这种观点虽然遵从马克思主义原则，但显然不期望将马克思主义唯物史观作为教条来运用。

也有学者认为，评价历史人物应该有统一的、固定的共同标准，而不能因为政治需要而随意变换标准。表扬或批评某个历史人物，或某些历史人物的某些方面，这和当前的政治任务是相关的，但是各个历史人物所应得的评价决不应随着政治任务的变化而变化。那种认为对历史人物的评价没有什么客观标准，说好说坏只是由于某种政治需要的看法，在这些马克思主义史学家看来，显然是错误的。[①]

在当时的政治生活中把阶级分析作为万能工具，学术界在讨论怎样评价历史人物时，自然要受这种方法的影响。比较通行的观点认为，在阶级社会中，任何个人都是一定阶级关系和阶级利益的代表者，任何个人的活动，都受到他们所属的那个阶级和社会阶级斗争形势的制约与规定。因此研究和评价历史人物，应该而且必须对他们进行阶级分析。

有的学者认为，判断历史人物的阶级属性，出身、家庭无疑是应该着重考察的一个方面，但这不是主要的或者说决定一切的方面。阶级分析不是唯成分论，不能以阶级成分作为评价历史人

---

① 《有关历史人物评价的几个问题》，《历史研究》1964 年第 3 期。

物的唯一标准，否则，便极容易否定中国历史上一切卓越的历史人物，造成民族虚无主义，不利于社会进步与发展。因为在中国传统社会，几乎只有统治阶级的子弟才有接受教育的机会，中国历史上对社会进步有过积极贡献的政治家、军事家、文学家等差不多都属于剥削阶级。[①]

就理论而言，人们都承认历史人物有其时代和阶级局限，但在研究中究竟如何看待和分析这些局限性，则又是一个有争议的问题。有学者指出，只有把历史人物的活动放到全部历史发展的进程中进行考察，不仅要跟前代比，也要跟后代比，才能作出比较全面公正的评价。判断历史人物有历史功绩，一般是指历史人物提供了前辈所没有提供的东西；而分析其局限性，则一般是指历史人物没有做到他们的后辈所能够做到的事情。指出某些历史人物的活动较之他们的前辈提供了新东西，实际上是已经站在较高的境界来评价那些前辈的活动的不足和局限性。同样，只有将他们的活动与后辈所提供的新东西进行比较，才能明白他们的贡献和不足。

在怎样处理历史人物的政治活动与他们个人的道德品质、政治操守以及私生活之间的关系问题上，有学者认为，评价历史人物应从其政治活动、政治作用出发，而不应该从私生活方面出发，也就是应以政治作为衡量历史人物的价值尺度。个人生活、作风等问题虽然对评价这些历史人物可以产生一定的影响，但这种影响毕竟是次要的、个别的，不是评价他们历史功绩的主要标准。还有学者认为，评价历史人物当然应该以他们的政治实践为价值

---

① 吴晗：《论历史人物评价》，《人民日报》1962 年 3 月 23 日。

尺度，但这并不排斥对这些历史人物个人品质和个性的研究，历史人物个人品质和个性是从属性的东西，必须结合历史人物的社会地位、阶级性来进行考察。当然也应该注意避免中国传统道德观对评价历史人物的消极影响，比如忠君思想、儒家伦理等。①

"文化大革命"前的中国近现代历史人物研究虽然不尽如人意，但无论是理论探讨还是实际评价，还是有一定学术意味和学术价值。只是到了"文革"十年，中国历史学突然成为显学，成为政治的帮衬，终于完全走上了以现实政治为中心，与学术全然无关的歧途。

二、从拨乱反正到初步繁荣

1976 年是中国政治历史转折年，毛泽东等领导人相继去世，持续十年之久的所谓"文化大革命"终于结束。近现代中国历史人物研究与当时中国所有的事情一样，开始步入正轨，学术界开始尝试着突破传统意识形态的束缚尤其是极左思潮的影响，尝试纠正形而上学和教条化、简单化的偏向，力求用完整、准确的马克思主义历史观研究历史人物，学术空气日趋活跃，研究工作不断有新的进展，比较有价值的成果也开始增多。

历史人物评价的理论，是历史人物研究的指南。因此，史学界在批判"四人帮"影射史学的同时，迅即在历史人物研究的理

---

① 吴泽、谢天佑：《关于历史人物评价的若干理论问题》，载《学术月刊》1960 年第 1 期。

论问题上展开争鸣。

鉴于先前的教训，史学界对"以阶级斗争为纲"的思想观念进行了反思。比较一致的看法是，对历史人物进行阶级属性的分析是完全必要的，但以往运用阶级分析的方法时往往存在着形而上学的倾向，更多的是用贴阶级标签的简单办法代替具体而深入的阶级分析。其具体表现可以归纳为，一是把历史人物的阶级性与历史性对立起来，实际上形成了"以瑜掩瑕"或"以瑕掩瑜"的现象，从而把历史人物的评价推向两个极端；二是把阶级分析简单化，其主要的表现就是过去的研究要么只是关注正面人物、进步人物、革命人物，或者是对反面人物、反派人物、反动人物进行批判，而缺少对中间阶级、阶层的分析和研究，而对一个社会来说，居于社会中间状态的才是大多数，才是社会的主体。

随着中国对外开放、对内改革进程的加快，与中国思想界隔绝数十年的西方思想文化在 20 世纪 80 年代几乎像潮水般地涌向中国，西方的史学方法与史学思想也开始影响中国史学界。在西方史学思想影响下，有的研究者主张在研究历史人物时，不仅要注意分析他们成长的时代和各种政治条件，研究他们在政治、经济、文化各个领域中所做的大事，而且还应当注意运用在西方史学中已经被证明是有意义的一些现代理论和方法，诸如弗洛伊德的精神分析法、现代遗传学的方法和理念、现代人才学和历史心理学的理论等，主张用多学科或跨学科的研究去探讨历史人物的不同特点，如个人性格、威信、心理、个人素质等。根据西方史学观念，历史事变中领导人物的个人性格往往会起到决定性作用，个人能够在一定程度上加速或延缓历史进程，局部改变历史

发展的面目。^①

在过去的研究中，历史人物的个人性格几乎不被重视，人们习惯通过阶级的分析去判断历史人物活动的价值与意义。在 20 世纪 80 年代思想解放大潮的影响下，研究者开始意识到个人性格才是构成历史复杂性的关键，因此应当具体剖析历史人物的个人生活，要探讨其个人生活所形成的特点以及对历史进程的潜在影响。历史人物的思想、观点可以对历史进程发生重大作用；他们的知识水平和政治能力是阶级力量对比的一个因素；他们的威望在历史进程中也会起到某些微妙作用；甚至历史人物的年龄变化、心理特征以及疾病等其他因素也都可能改变历史的面貌。^② 一个健康的政治家和一个病夫在治理国家上肯定会有所不同，一个注意私德的政治家肯定要比那些不注意私德的政客更稳重。因此评价历史人物，不仅要看其阶级性，而且要看个人素质。一个人的个人素质，是由许多方面构成的，如经济条件、政治条件、家庭教养、传统道德观念和知识文化素质，而并不仅仅是其政治出身，同一个阶级出身的人可以有不同的政治选择。历史的复杂性、丰富性就是因为历史人物性格各异，做派不同。^③

相对于人类历史长河，个体生命不过百年，但是一个重要的历史人物，在这漫长而又短暂的百年中，并不是一成不变的，所以历史人物的研究要注意区分其思想的早中晚期，注意其成长过程的不同阶段，而不是笼统地谈论历史人物有几分好、几分坏。

---

① 史苏苑：《关于历史人物评价五题》，载《史学月刊》1982 年第 5 期。

② 余志森：《研究历史人物不可忽略个人特点》，载《文汇报》1984 年 10 月 15 日。

③ 简桐：《关于历史人物评价的几个理论问题》，载《史学月刊》1987 年第 3 期。

要根据历史人物一生大节，根据其活动的不同性质，结合历史大势及具体时间、地点、条件等，逐段评论历史人物的功过是非。有的人物早期激进而晚年没落或保守，有的人物或许正相反。[①]

确实，从历史研究的实践来说，任何一个历史人物，不管他多么伟大，其思想都不可能是一成不变的，都应该有一个发展变化的过程。研究历史人物，就应当把历史人物思想发展的过程，分析得比较细致一些，得出的结论才能符合或接近历史的实际。[②]

在"文化大革命"期间乃至"文化大革命"前十七年，甚至再早些的延安时代，马克思主义史学家在谈到历史发展的动力问题时，基本上都是在复述斯大林的说法，以为只有人民群众才是历史的创造者。到了 20 世纪 80 年代初期，黎澍对这种观点提出质疑。他认为，斯大林的这种观点现在看来可能是对马克思主义的曲解，因为马克思、恩格斯、列宁等经典作家提的是"人们自己创造自己的历史"，显然认为所有的人都在创造自己的历史，并且强调不能随心所欲地创造"一切历史"。在黎澍看来，论证人民群众是历史的创造者，无非是说"人民群众是物质财富的生产者"，以及"人民群众是精神财富的创造者"，根据是，人民群众的社会实践是一切科学文化艺术的源泉。黎澍认为，前一说不确切；后一说不仅根据不足，逻辑也成问题，这样的论证实际是把源泉看作创造者，从而否定了一切高级的科学、文化、艺术作品的真正创造者——科学家、思想家、文艺家的贡献。

在黎澍看来，如果一般地说"人民群众是历史的主人"，似乎

---

① 降大任：《评价历史人物宜用"阶段论"》，载《光明日报》1983 年 6 月 29 日。
② 彭明：《如何评价历史人物》，载《历史教学》1980 年第 6 期。

所有历史都是人民群众当主角，显然与事实不符。研究政治史、军事史、教育史、艺术史、宗教史等，不能离开帝王将相和剥削阶级上层人物的活动。他们高明或愚蠢的决策，正义或非正义的行动，推动或者阻碍历史进步，在不同领域起着各自不同的作用。所以不能说所有历史全是劳动人民创造的，人民群众是历史的主人。事实上，在历史上劳动群众是作为被剥削阶级和被压迫者而活动的，他们总是被排斥在政治生活之外，只有大规模反抗残暴统治的政治斗争高涨时，劳动群众才短暂地成为政治舞台上的主角，一旦事件平息，社会归于平静，劳动群众又成为沉默的大多数。这种看法显然较过去抽象地肯定人民群众是历史的主人更加细致化，对统治者、被统治者历史作用的评价更加公允公正。

由于逐步克服了以阶级斗争作为研究历史人物唯一主线的缺陷，20 世纪 80 年代开始的近现代中国历史人物研究在许多方面取得了明显进步。如关于太平天国领导人的研究，人们已不再根据僵化的理论一味颂扬，而是对这些历史人物进行历史的、全面的考察，具体问题具体分析，在肯定太平天国革命性的同时，也看到其历史的、阶级的局限。对于 1856 年发生的"天京事变"，人们不再把它归之于阶级斗争在革命队伍内部的表现，认为是钻进农民起义队伍的阶级异己分子韦昌辉发动的反革命政变，或者是两条路线的斗争，而是从社会经济基础和农民阶级局限性方面加以分析，承认太平天国政权逐渐封建化和伴随着这种封建化而来的思想蜕化，导致太平天国领导集团的内讧，而这种内讧并不牵涉政治路线、战略方针，完全是领导集团内部争权夺利。对于石达开、李秀成，也不再简单地扣上"叛徒"的帽子了事，而是给予恰如其分的历史评价。

20 世纪 80 年代的近现代中国历史人物研究的一个主要特色是研究范围的扩大，许多过去不被人们注意的历史人物，都开始有人进行专门的研究。如对鸦片战争前后历史人物的研究，过去几乎一直局限于林则徐、龚自珍、魏源等少数人，现在，研究者注意到姚莹、道光帝、琦善等人的活动。对中法战争、甲午战争中的历史人物的评价在这些年也开始有所变化，开始出现对刘永福、刘铭传、刘步蟾、丁汝昌等人颇有新意的研究。至 20 世纪 80 年代中期，曾国藩、左宗棠、李鸿章、康有为、梁启超、章太炎、胡适、罗家伦、傅斯年、顾颉刚乃至林纾、辜鸿铭、梁漱溟、熊十力、周作人等，都有专人从事研究，并逐步得出比较合乎历史实际的评价。

对于李鸿章，许多学者 20 世纪 80 年代就提出要在承认李鸿章确有"误国"之处的同时，充分肯定他在推动中国近代化方面的贡献，他的形象也逐步从一个反派人物向正面人物转变。[①] 这显然与当时中国的对外开放、大规模开始经济建设的政治现实密切相关，至少是现实政治对研究者的潜在影响。同理，对于洋务运动中其他历史人物，不仅研究成果日趋增加，而且研究者都能对这些历史人物建立一种"理解的同情"，在指出其阶级的、历史的局限性之外，充分肯定和承认他们在中国近代化历程中的重大作用，这为后来兴起的"现代化史"研究以及"现代化史观"的建构提供了资料，奠定了基础。当时比较有影响的成果主要有夏东元的《盛宣怀传》《郑观应传》，汪敬虞的《唐廷枢研究》等。

对于胡适，研究者在新的历史条件下开始停止 20 世纪 50 年

---

① 《李鸿章与中国近代化》，124 页，合肥：安徽人民出版社，1989 年。

代以来对胡适的政治批判，在充分估计胡适思想局限性的同时，更注意到他对现代中国政治、思想、文化等各个领域的深刻影响，先后出版的几部传记、论集基本上将胡适在现代中国的实际地位勾勒出来了。比较一致的观点是，胡适在开辟一个思想解放的伟大时代、探寻中国古代文明的来龙去脉、弘扬中华民族优秀文化、提高中国现代学术水平的过程中，做出了许多贡献，不愧为"前空千古，下开百世"的文化巨匠。

当然，20世纪80年代的胡适研究还不可能真正重建一个完整的历史真实，不可能确认胡适在中国近代学术谱系中的地位。这是意识形态深刻影响的残留，许多研究者在承认、感叹胡适伟大一面的同时，依然不忘指出胡适作为典型的资产阶级知识分子，身上集中体现了中国资产阶级的先天性弱点，即软弱性和妥协性。胡适在政治上坚持改良主义，在反帝反封建等根本政治问题上，总是采取温和态度。胡适一生我行我素，不赶时髦，甘当不识时务的落伍者。他这种自由主义思想和行为最遭物议，也最使人失望。胡适不分是非的和平主义思想，越到后来，越远离人民大众，终于从杜威走向蒋介石，最终被革命洪流所淹没。在这些研究者看来，这是胡适的悲剧，但是并不能由此认为胡适在政治思想方面一无是处。他提倡个性解放、妇女解放，主张思想自由、教育救国，反映了中国人民摆脱贫穷落后的强烈愿望，也体现了那一代中国知识分子难能可贵的世界眼光和社会责任感。

与胡适的情况相类似，早在20世纪20年代即已享有盛名的梁漱溟，也在80年代受到研究者的追捧和重视。不仅他的那些观点独特的著作得以出版或重印，而且研究他的论著也在此时相继问世。研究者比较研究了梁漱溟与毛泽东对于中国农民问题的看法，重新估价梁漱溟所致力的乡村建设运动。比较一致的看法是，梁漱溟与毛泽东是两位观点迥异的人，但他们又有一个共同点，即敏锐洞察到了中国的根本问题是农民问题，只有解放和改造农民才能解放和改造旧中国。但在如何解放和改造农民这一问题上，这两位同龄人却分道扬镳了。毛泽东主张用革命的、暴力的、剥夺的、阶级对抗的方式；而梁漱溟则以"中国的圣雄甘地"自我期许，主张用和平的、建设的、改良的、教育的方式去拯救农村，建设农村。研究者无法摆脱时代局限，许多人依然认同主流意识形态对梁漱溟的判断，认为其主导的乡村建设运动从根本上说不过是一种文化改造、改良运动，因此它在阶级对抗的旧中国必然失败，寻找中国农村的未来、中国农民的未来，应该另觅其他路径。

对于戊戌维新运动中的历史人物，学者们普遍认为，康有为、梁启超、谭嗣同、严复等人虽然没有提出推翻清政府的政治主张，但他们反对卖国投降，要求实行君主立宪，发展资本主义，实际上就是要革腐朽的、卖国的、封建专制政府的命。他们倡导和发动的戊戌维新运动是近代中国的资产阶级在尚未完全成熟之前所参与的一次大规模的改良运动，是近代中国不成熟的资产阶级夺取政权的初步尝试。维新与守旧的斗争实质上是中国新兴资产阶级与封建顽固势力之间的阶级斗争，维新的目标就是要把半殖民地半封建的中国变为独立的、民主的、资本主义的中国，维新运动点燃了爱国、民主的火炬，召唤着一代志士仁人为救国救民的真理而献身，是辛亥革命的一次预演，具有明显的反封建主义性质，是近代中国一次规模巨大的思想启蒙和思想解放运动。它不仅使整个社会风气为之一变，而且为此后的资产阶级新文化的发生发展提供了思想理论依据。20世纪中国的真正起点正是1898年的戊戌维新运动。① 对于严复，20世纪80年代的研究开始注意其思想前中后三期的不同，不再一味指责其晚年思想复古倒退，有学者从中国传统文化再估计的立场辨析严复晚年思想的价值。

至于辛亥革命中的历史人物，除了孙中山研究继续取得成果外，其他做出过重大贡献的人物也开始受到学术界的重视。学者们普遍认为，宋教仁为推翻清朝的黑暗统治和建立资产阶级民主共和国奋斗了一生，然而长时期以来却受到不公正的评价。事实上，1912年孙中山、黄兴先后交出政权、军权，从事实业救国，袁世凯接任中华民国大总统之后，民初政治实际上逐步走上政党政治、议会政治的道路。当此时，宋教仁积极改组同盟会，组建国民党，希望通过选举成为议会中的第一大党，并由第一大党组建责任内阁，以此约束大总统的权力，防止个人独裁，从而将资产阶级革命所建立的政权有效地控制住。宋教仁的政治活动在民国初年无疑是有意义的，是合乎历史潮流的，过去一味指责他是"议会迷"，显然不太合乎民国初年中国政治实际。至于宋教仁在改组后的国民党政纲中放弃民生主义，以及拉拢一批官僚政客入党等问题，有学者认为这是放弃革命原则的妥协表现，较之同盟会来说是一种倒退。

对于中共党史上的一些著名人物如李大钊、邓中夏、方志敏、周恩来、朱德、邓小平、董必武等，20世纪80年代的研究成果也比较多，许多年谱、专著、传记的出版，使一些原先比较模糊

---

① 《坚持马克思主义，重新研究维新运动——广东史学界部分同志座谈戊戌维新与康梁的研究》，载《学术研究》1982年第3期。

的历史问题得到澄清。尤其是由中共中央文献研究室主持编写的毛泽东、周恩来、刘少奇、朱德等人的年谱、传记，利用了大量一般研究者没有机会阅读使用的档案资料，不仅丰富了中共党史研究，也为历史人物研究开辟了新的资料来源。

20世纪80年代，中国史学界对许多先前蒙受冤屈的中共党史上的著名人物甚至是领袖人物做了大量研究工作。像陈独秀、瞿秋白、刘少奇、张闻天、王稼祥、李立三、项英、叶挺、彭德怀等，经过史学工作者的努力，恢复了名誉。关于他们的历史的真相得到还原，为重构中共党史叙事模式提供了基础，准备了条件。

陈独秀研究，在过去几十年几乎完全就是禁区，即便与政治毫无瓜葛的新文化运动，陈独秀在其中的贡献也被严重低估，甚至到了20世纪80年代后期，新文化运动纪念馆建立，纪念性浮雕中竟然没有陈独秀，但有众多新文化运动中他的学生辈人物。由此可以概见陈独秀研究的艰难。

陈独秀研究的困难主要在于对其后期思想和政治活动的评估，而这些思想与活动在20世纪80年代还不太容易被人们所接受，许多档案人们无法看到，而苏联和共产国际的相关文件人们也无法使用。尽管如此，学术界的一些有心人依然潜心于陈独秀的研究，尽量本着历史唯物主义原则，尽可能为陈独秀恢复历史本来面目。比如大革命的失败，新的研究改变了过去把一切责任归于陈独秀的观点，指出错误可能更多地来自共产国际和苏联，陈独秀只是这种错误路线的执行者，甚至在很多时候，陈独秀本人也非常反对共产国际的一些指示。

在陈独秀的托派问题上，有学者认为，应该把陈独秀转向托派之后与中共党内的分歧，视为革命阵营内部关于如何推翻国民党政治统治的意见分歧，而不应该定为反革命性质，因为陈独秀始终没有放弃反帝反国民党独裁统治的立场，他还多次拒绝国民党的拉拢，保持了革命者的气节。

对于陈独秀晚年的民主思想，许多学者给予很高评价，以为他之所以在晚年抛弃斯大林主义的无产阶级专政模式，是因为他已理智地认识到这种模式严重损害了人民的根本利益。陈独秀在"五四"时期提出"民主"与"科学"两大口号，更是受到学者们的高度推崇。[①]

中共的早期领袖中，不只陈独秀，接替陈独秀的瞿秋白其实也在很长时间蒙受不白之冤。随着思想解放运动的深入，学术界对瞿秋白的思想与政治活动进行重新研究，得出与先前完全不同的结论。丁守和的《瞿秋白思想研究》从各个方面系统研究了瞿秋白的贡献，指出瞿秋白最早论述中国革命必须分为两步走；最先宣传马克思主义的科学宇宙观和方法论，并强调它的实践性；最早提出马克思主义和中国革命实践相结合；最早提出无产阶级在民主革命中的领导权问题；最早重视农民问题；最早重视武装斗争和创建革命军队；最早提出发动游击战争，建立革命根据地；最早支持毛泽东发动农民运动。如果说丁守和的研究重点在于剖析瞿秋白的思想贡献，陈铁健的《瞿秋白传》则更多地从辩诬层面揭示瞿秋白文人从政的内在苦闷与心曲，尤其是对《多余的话》的分析，不仅在学术上为这篇有争议的文献寻找到一个合理解释，而且为中央专案组重评瞿秋白提供了学术支持。

近代以来的中国是世界的一部分，这时中国所发生的重大事

---

① 唐宝林:《近十年对陈独秀的评价》，载《群言》1989 年第 9 期。

件，差不多都能找到国际背景。对于近代以来那些来华的外国人，除了个别历史人物外，改革开放之前的中国近现代史学界，几乎都予以否定。改革开放后，人们的观念发生了很大变化，能够比较心平气和地重新评估他们对中国近代历史的贡献，对于他们的历史地位给予恰如其分的肯定。像李提摩太、古德诺、端纳、马歇尔、史迪威、赫尔利、司徒雷登等，都有不少论文或专著论述他们的生平与活动。

共产国际是影响现代中国历史发展的一个重要因素，不仅中国共产党的历史与共产国际有关，即便是国民党的发展也与共产国际有着极为密切的联系。20世纪80年代以来，鲍罗廷、维经斯基、马林等人在中国的活动都曾引起人们的兴趣，有专人进行研究。

中国革命得到国际社会的大力支持，许多有正义感的外国人都成为中国人民的好朋友。像史沫特莱、斯诺、斯特朗、路易·艾黎等，都曾在中国革命的重要关头发挥过积极作用，所以他们的业绩一直受到中国学术界的重视，改革开放之后还建立了一些专门机构收集整理他们的文献，以便对他们进行更加深入的研究。

此外，曾是中国共产党重要领导人的历史人物，如王明、张国焘、林彪、陈伯达等，对他们的研究也在20世纪80年代取得许多重要成果，从根本上改变了过去那种说好一切都好，说坏一切都坏的形而上学倾向，比较实事求是地评价了他们在中国革命史上的贡献。

比如王明，过去由于过分强调党内的两条路线的斗争，王明给人的印象似乎只是错误路线的代表，似乎终其一生也没有给党和人民做过一件好事。20 世纪 80 年代中共党史研究的重大成果之一，可以说是在王明研究上有了新的进展或者说突破。有学者根据充分的史料认为王明在抗战时期确有右倾错误，但也做过许多有益工作，起草了一系列重要宣言和指示，对中共政策从"反蒋抗日"向"联蒋抗日"转变以及抗日民族统一战线的形成，起了一定的促进作用。对于王明在武汉时期及长江局的工作，有学者认为也应该根据实事求是的原则进行研究，肯定他对南方党和新四军的工作也都提出过有益建议。至于王明在抗日民族统一战线中的右倾错误，许多学者认为那只是认识问题，并不一定要上升到"右倾投降主义路线"，因为王明始终主张积极抗日，对党的感情也是深厚而无须怀疑的。[①]

对于林彪，许多研究者都认为应该用历史唯物主义的观点给予实事求是的评价，不能用"倒算账"的办法将其历史功绩一笔抹杀。要坚持两点论，一是肯定他在"文革"中犯有不可饶恕的罪行，二是不能因为第一点而随意否定他以前所做的事情。应该充分承认林彪是中国共产党历史上的一员战将，为革命胜利确实做过许多贡献。

国民党方面的一些领袖人物，在 20 世纪 80 年代也开始受到学术界的重视。首先是蒋介石家族的人物传记的出版呈现活跃之势。这些著作对蒋介石一生的历史作了较为全面、完整的叙述，并把这个复杂的历史人物置于近代以来中国诸多内外矛盾冲突的

---

① 黄烨、舒励：《中国现代史学术讨论会综述》，载《内蒙古师范大学学报》（哲学社会科学版）1988 年第 4 期；瞿超：《抗日战争时期共产国际与中国革命关系讨论观点综述》，载《社科信息》（江苏）1988 年第 9 期。

大环境中，历史地客观地考察其言行，评价也相对说来比较公允。

国民党人与社会主义在中国的传播之间的关系，这本是一个很有学术价值的题目，但是多年来并没有引起学术界重视。事实上，当社会主义理论在中国广泛传播时，中国国民党人是宣传社会主义的一支重要方面军，他们为中国人全面深入了解这个学说提供了不少有价值的材料。国民党领袖人物或骨干成员如胡汉民、戴季陶、李烈钧、龙云、陈英士、林云陔、朱执信、商震、宋哲元、张治中等，都是当时中国思想界谈论马克思主义十分活跃的人物。他们主编的《建设》《星期评论》《觉悟》等都是当时宣传社会主义和马克思主义的重要阵地。但是过去出版的一些研究中国社会主义、马克思主义传播史的论著碍于意识形态，对于国民党人在这方面的贡献或一笔带过，或极力贬低，或干脆避而不谈。改革开放后，学术界有多篇论著专门探讨这个问题，不仅使国民党人对社会主义在中国的传播所做的贡献得到恰当说明，而且使社会主义、马克思主义在中国传播的路线、过程及重要关节更加明晰。

对于历史上曾经对中国共产党比较友好或对中华民族做出过重大贡献的国民党左派、民主党派及无党派人士、实业界领袖等，改革开放之后的研究也比较充分。像于右任、廖仲恺、何香凝、宋庆龄、李宗仁、邓演达、蔡元培、陈友仁、彭泽民、张学良、杨虎城、黄炎培、晏阳初、阎宝航等，或为他们编辑出版文集，或为他们出版传记年谱等。

即便是那些对中共不太友好的国民党人，如宋美龄、孔祥熙、何应钦、宋子文、胡宗南、陈布雷等，甚至一些帮会人物如黄金荣、杜月笙、张啸林等，在新时期的历史研究中也都得到足够的重视，有不少论文或传记论述他们的活动情形及应有地位，尽量恰如其分地恢复他们在历史上的本来面目，尽量祛除"妖魔化"。

在思想文化史方面，1979—1989年的研究，已远远突破先前只研究一些主要的正面历史人物，而将许多次要或反面的历史人物弃而不理的倾向，人们的视野越来越开阔，关注的历史人物也越来越多。尤其是过去没有或很少人研究的历史人物，或者带有灰色、黑色历史的人物如曾国藩、郭嵩焘、王国维、刘师培、黄侃等，都开始为研究者所重视。对于历史上因反对过鲁迅或其他进步人士而被一度误解或低估的文化历史人物，新时期中国史学界也做过不少实事求是的研究工作。像林语堂因曾与鲁迅论战过，多年来得不到公正评价，但20世纪80年代开始有文章表彰林语堂不仅是一个"热烈的爱国者"，而且在文学发展史上占有相当重要的地位。

曾经与陈独秀等《新青年》派进行过激烈论争的杜亚泉，在过去几十年被一概否定，专业的近代史工作者之外，几乎没人知道杜的情况。20世纪80年代开始有学者郑重介绍杜亚泉在传播西方自然科学方面的成就，比较公平地分析他在五四新文化运动中的地位和作用，以为杜之所以在文化问题上沦为一个落伍者，主要的原因在于他在传播西方科学知识时，只讲科学知识，没有讲科学方法、科学精神、科学态度，不理解或者说不知道西方科学的宇宙观、社会观、人生观，科学的思想方式、工作方式和生活方式，这些造成他与陈独秀等《新青年》派的分歧。至于杜亚泉对中国传统文化的推崇，更有学者以为非常值得重视和检讨，暗示杜亚泉看到了五四新文化运动中全盘反传统的理论漏洞，是对现代中国激进主义的修正。

历史人物传记的写作，向为学者所重视。1977—1989年的十多年间，在综合性传记方面获得重大突破，学术界利用集体力量，编辑出版一批有价值的综合传记，如《清代人物传稿》《民国人物传》《民国高级将领列传》《黄埔军校名人传略》《中共党史人物传》《革命烈士传》以及各种名人录、历史人物大辞典等，应该说各有参考价值。

在单个的历史人物传记写作方面，这十多年的成果也很值得重视，其中一个最重要的现象是人们开始用新的方法、新的视角尝试传记写作。这些传记作品大都能够注意将传主的思想与实践放在特定的社会历史环境中加以考察，摆脱了以往评论历史人物的简单模式，采取实事求是的态度，多角度多层次剖析历史人物，刻意追求公正，力求忠实于历史人物的本来面目。即使是对那些基本被否定的历史人物，研究者也愿意具体分析，尽量肯定其值得肯定的方面。对于那些有着重大争议的历史人物，学术界适时展开有益的讨论和争鸣。如蔡锷的功过、宋教仁对民国初年政治的影响、梁启超在护国运动中的作用及功过、虞洽卿的阶级属性等，都曾引起不少学者的讨论。

三、繁荣中的问题

总体而言，1990年后二十年，中国近现代历史人物的研究，对象较先前十多年更加广泛，深度也是前所未有的。许多过去不曾被学者关注的历史人物已经引起学术界的足够重视，历史人物传记的出版也远比过去丰富多彩。

在 20 世纪 80 年代的中国近代史领域，现代化的研究逐渐成为一道亮丽的风景线，进入 90 年代，便开始出现一些从现代化的立场重估近代中国历史人物的论文和专著，于是对许多历史人物的评判与先前有重大差异，善待先人的学术理念逐渐被研究者普遍遵循。但是也因此而出现研究谁就爱谁就推崇谁这样的学术偏差，对一些有争议的历史人物不愿再进行阶级分析，不愿再提及其负面、消极乃至反动的东西。这显然也不是真正的科学态度。

如果从现代化的角度重观近代中国的历史，许多问题似乎都值得提出来重新研究。正是在这样一种学术背景下，在近代中国历史人物的研究与评价方面，分歧越来越大。

关于近代早期，争议最大的莫过于鸦片战争中的历史人物。例如鸦片战争前清政府内部是否存在严禁派与弛禁派？究竟是不是林则徐促使道光皇帝下令严禁鸦片贸易？琦善是不是卖国贼？他有没有陷害过林则徐？关天培之死和虎门战败是不是琦善的过错？尤其是在关于林则徐的评价问题上，研究者们更是莫衷一是，各执己见。

作为近代早期的历史人物，林则徐身上具有明显的两面性。他一方面主张对外抵抗，反对侵略，但是另一方面正如蒋廷黻早在 20 世纪 30 年代就指出过的那样，林则徐"总不肯公开提倡改革"[①]。因此从这个意义上说，一贯沿用的坏人当道、好人遭厄的"忠奸模式"并不能有效解释鸦片战争的必然失败，这种模式让奸臣们承担了本应由中国旧体制承担的责任。新的研究充分证明，

---

① 蒋廷黻：《中国近代史》，26 页，长沙：岳麓书社，1987 年。

林则徐的选择可能并不是中国的唯一选项。鸦片战争的真正意义可能在于，它以惨重的代价警醒国人，落后必然挨打。如果只是经济上落后，军事上落后，那并不可怕，真正可怕的是政治上落后，教育上落后，观念上落后，所以中国要想摆脱落后挨打的历史宿命，就必须振作起来，顺应世界潮流，学习人类文明中的一切长处，不再故步自封，不再自我老大，不再天朝上国，而是充分世界化，充分近代化，与世界潮流同进退。

近代中国的特殊情况在于，中国总是被侵略，因此从道义上看，中国总是站在正义的一边，而西方列强总是非正义的侵略者。晚清以来的官绅阶层和 20 世纪的一些知识分子，便往往以此为理由把肯定西方和检讨本国弱点或错误的言论视为大逆不道。他们没有认识到近代中国除了要反对侵略、争取国家主权的独立完整外，还有一个使中国尽快走向现代化的任务。而中国如欲走向现代化，就要学习外来的先进文化，就要反对本国的专制主义意识形态和旧的政治、经济体制。近代中国的有识之士总是早先一步地看到这一点，总是在反对西方侵略的同时，也充分肯定西方的先进文化和制度，对本国的文化传统不遗余力地进行攻击。历史已经证明，他们基本上是正确的，但又总是不合时宜的，因而，总是要受到人们这样那样的非议。这些人在近代中国历史上被诬为"汉奸""买办""卖国贼"等，其中一个最重要的原因，就是近代国人太容易陷入狭隘民族主义的误区。

与重新审视过去的正面人物、英雄人物相对，过去被视为反面、反动的一些近代中国历史人物开始走红。早在 20 世纪 80 年代中期，冯友兰在重新思考近代中国哲学的历史时，最先提出要对曾国藩及太平天国重新进行研究。至长篇小说《曾国藩》出版，近代历史人物研究先前所确立的许多观念都被根本性地颠覆了，冯友兰甚至断言，幸亏太平天国没有获取最后的胜利，不然的话，中国必将重回中世纪。

1989 年之后关于戊戌维新运动的研究，由于中国现实政治变动所引发的思考，学者们在内心深处比较倾向认同稳健的政治改良，而批评维新派某些过于激进的主张。在"告别革命"、认同改良等思潮影响下，研究者试图从各个角度论证维新运动是中国人全面追求现代化的最初尝试，是中国政治近代化的先导，加速了中国经济近代化的进程，成为中国文化教育近代化的真正开端，并有力地推动了中国军事的近代化。甚至可以说戊戌维新是一场政治体制的革命，是中国从传统中华秩序向近代国民国家体制转变的最初尝试。[①]

由于对戊戌维新运动总体评价的变动，在相关人物的研究与评价方面也有不少新意，研究面较过去几十年有很大拓展。除了对康有为、梁启超、谭嗣同、严复等人的研究进一步丰富、深入外，对光绪帝、慈禧太后，以及其他维新志士、帝党、后党、洋务派、顽固派如翁同龢、张荫桓、张之洞、黄遵宪、张元济、刘光第、张謇等人的研究都有一些新进展，基本上肯定他们在维新变法期间的贡献和作用。

在对康有为的评价上，研究者已不再泛泛谈论康有为的贡献与局限，而是着力于探讨康有为思想主张的细节。比如有的学者认为康有为的主要贡献在于提出了行政、议政权力分立的政治见

---

① 王晓秋：《戊戌维新一百周年国际学术讨论会综述》，载《历史研究》1998 年第6 期。

解，提出设立总揽变法全局的议政机构制度局或开懋勤殿，试图对传统君主专制政体进行改造，从而使维新运动在政治内涵上显然有别于先前几十年的洋务运动，具有政治体制变革的意味。对于原来的研究所认定的康有为落后保守的一面，如利用孔子鼓吹变法、尊君权抑民权、主张以孔教为国教等，都有学者提出不同意见，大多也能自圆其说，成一家之言。

至于梁启超的研究，在过去二十年先后出版了几本传记，这些传记特色各异，详略不一，但基本上都能对梁启超持一种同情理解的立场，在很大程度上纠正了过去对梁启超的误解，更多地肯定他对中国近代化、对中国学术向现代转型、对近代中国政治进步所做出的积极贡献。梁启超先前改良主义者的形象有所改变，在近代中国历史上越来越像一个正面人物。即便他政治思想前后不一，变动不居，也有学者为之辩解，以为他是与时俱进，顺应潮流。

严复是近代中国最著名的启蒙思想家，但其晚年则比较多地留恋中国传统，甚至在某种程度上赞成帝制复辟。如何评价严复的这些变化与思想，几十年来一直困扰着中国学术界。20 世纪 90年代以来严复故里和北京大学等单位连续举办过几次讨论会，对于推动严复研究有不小的帮助。大多数学者都充分注意和肯定严复在传播西学、认识西方、批判中国传统方面的贡献。但在解读严复思想内涵时有两个不容忽视的倾向：一是有学者借机宣扬新权威主义，一些非专业研究者将严复定性为中国近代权威主义先驱，以为严复的思想遗产主要是其坚持政府主导的政治变革，崇尚权威；与此相反，信仰自由主义的非专业研究者则提出严复为中国自由主义开山，甚至有学者认为严复对自由主义采取一种工具主义态度，在思想倾向上更接近新自由主义而远离古典自由主义。在对严复晚年思想与政治主张、政治行为的评估上，研究者的分歧一直比较大，有的认为严复晚年实际上已经边缘化，对思想界、政治的影响力已经不大，有的认为严复的思想并不存在前后期的明显分野，只是前后的侧重点不同而已。

至于谭嗣同，一直没有人否认他是近代中国冲破封建罗网的闯将和积极推行变法维新的勇士，他的仁学思想也一直受到学术界重视。正是谭嗣同与梁启超等人构成近代中国真正意义上的第一代青年文化精英，他们对传统主流文化的挑战，不仅对1898年维新运动，而且对此后的辛亥革命、五四运动都具有直接影响力。但是，随着中国思想界对近代中国政治激进主义思潮的批评日益增多，开始有学者指责谭嗣同是近代中国政治激进主义和全盘西化的思想先驱，直接开启了近代中国一波又一波的激进主义政治思潮，对中国政治生态变化起到非常大的负面作用。

20世纪90年代以来的中国学术界对戊戌时期的后党及顽固派，更多地肯定他们思想、行为的积极方面，甚至认同他们对维新措施的批评、阻挠的积极意义，强调作为当时中国实际上的最高负责人，慈禧太后如果不是真诚支持变法维新，就不可能有1898年的变法运动，帝党与后党之间的冲突说到底并不是政策层面的冲突，而是政治主导权的冲突。所以说慈禧太后出来阻止了以光绪帝为首的政治激进主义变革，并不意味着中国政治就此后退。适度的后退、让步是为了大踏步地前进，因此在清政府镇压戊戌维新运动之后仅仅两年时间，就掀起了一场范围更广的政治变革运动，拉开了晚清政治变革的序幕。

对于端方、袁世凯等人在戊戌维新期间的表现，有的研究者也作了重新研究，提出一些新的观点。有研究者认为，袁世凯曾是变法运动的积极支持者，他在变法的关键时刻背叛维新派，有着许多复杂原因，其中最主要的一点是他与维新派在政策层面发生分歧，他开始认识到如果按照维新派的主张行事，给中国带来的只有混乱而不是发展。但是，他与康有为在戊戌期间的密切交往，直接影响着戊戌维新的政治格局，是维新成败中不可忽视的一个重要因素。对于袁世凯是否告密以及背叛维新派的问题，学术界的研究结论是日趋否定。有的学者对照袁世凯的《戊戌纪略》与梁启超的《戊戌政变记》，以为仅就此事而言，袁世凯的记载更真实可靠，据此可解开这个历史之谜。研究者证明杨崇伊上奏请训政密折后，慈禧太后即已决定回宫。因此，戊戌政变之发生，并不始于袁世凯告密，而是别有原因在。

说到端方，传统观点一般是把他划为后党，但新的说法则认为端方属于帝党，他曾积极支持参与变法，但又与维新派没有密切联系，政变后未受到重惩，反而被重用，是因为他得到荣禄和李莲英的庇护，并通过进呈《劝善歌》而讨得慈禧太后的欢心。端方是晚清政治格局中的一颗新星，他在后来的政治变革中发挥过许多别人无法替代的积极作用。

至于李鸿章，始终是晚清政治人物研究的重点。大约在2003年电视剧《走向共和》播出之后，慈禧太后、李鸿章、袁世凯在很多人眼中逐渐成为晚清政治史上的正面人物，他们共同推动晚清政治进步，而翁同龢、康有为等人则逐渐成为负面人物，具有迂腐、守旧、自私、颟顸等特征。有学者论证李鸿章几乎像曾国藩一样，是近代中国的道德完人，宣称其一生所作所为虽是凭直觉办事，但无不中规中矩，成为晚清政治场上的忍辱负重者。甚至他签订《马关条约》，也被一些学者曲为辩护，以为只是奉命行事，即便没有李鸿章，也会有张鸿章、赵鸿章出面签字。这些说法或许有其道理，但总使人在感情上有抵触的地方。

对于中共党史人物，1989年之后比较严肃的研究成果依然很多。在过去二十年中，关于毛泽东的文献编辑取得了很大进步，毛泽东的著作大致都有了比较完善的版本。毛泽东年谱长编之类著作的出版，对他的活动线索有了比较清晰的勾勒，使中共历史上的许多重要问题有了进一步讨论的可能。

对陈独秀的研究，一直吸引着众多学者。研究者根据苏联解体后公布的共产国际文献，不仅充分肯定陈独秀在传播马克思主义和中国共产党建立时期的积极贡献，而且对陈独秀晚年的所谓错误也有了新的认识。特别是对陈独秀的所谓"二次革命论"，所谓右倾投降主义，所谓托派问题，以及中国革命与共产国际、与苏联之间的关联等，都有了新的认识，新的结论。这些认识和结论或许一时还不能为主流意识形态所接受，但对进一步研究相关问题还是具有比较有益的启发作用。

如果说开始改革开放的20世纪80年代是中国当代历史上一个"思考的时代"，那么经过1989年的政治风波，人们在政治上恪守"不争论"的原则，思想学术的发展也发生较大转向。大致上说，过去的二十年，确乎如一些研究者所说的那样，是一个"思想家淡出，学问家凸显"的时代，学术风尚已不再以谈论思想新奇为高，而以学术功底为尚。这一学术转轨在近现代中国历史人物的研究方面也有所体现。此前学术界津津乐道的陈独秀、胡适、梁漱溟等思想家类型的历史人物，已被王国维、陈寅恪、陈垣、顾颉刚、傅斯年、吴宓、钱锺书等所谓"国学大师"所取代。

于是乎连带所及，那些素来对中国传统很不敬或有时不敬的如严复、蔡元培、胡适、鲁迅等人，也都被一些追逐时尚的研究者戴上"国学大师"的桂冠。这个转变与主流意识形态在 1989 年之后刻意弘扬传统文化、弘扬爱国主义可能有很重要的关联。

自由主义知识分子在 20 世纪的中国曾经起过巨大的启蒙作用，其思想转变和成员分化也在 20 世纪中国的政治斗争中起过积极和消极的双重作用。尤其是在 20 世纪 40 年代中期，随着国民党政权日益腐败和不得人心，这批自由主义知识分子开始向激进主义方向转变。如何看待这批自由主义知识分子的转变，在 20 世纪 80 年代之前并不存在分歧，人们几乎一致认定这种转变的进步意义。然而到了 20 世纪 90 年代之后，不断有研究者对这种转变提出质疑，以为闻一多、吴晗等人从自由主义立场向左转并不单纯意味着他们在政治上进步追求。国民党的腐败使他们丧失了对现政权的基本信心，而中共对国民党一党独裁政治理念的批判，也使这批自由主义者产生了一种信心。所以他们的转变并不能单纯地归结为一种非理性的盲目的浪漫主义激情，实际上还是应该放到当时的历史背景中寻找具体原因。

在许多研究者看来，现代知识分子应该注意自己的专业领域和职业操守，画地为牢，将政治交给政治家，尊重政治本身的专业特征，坚守专业领域从事创造性的工作，不应该介入现实政治。因为专业知识分子一旦放弃自己的专业而从事现实政治，他们便失去智者的尊严和高明，将如芸芸众生般平庸。

如果说赞扬文化保守主义还只是一个比较纯粹的学术问题，那么在过去二十年对周作人、汪精卫等人的研究和表述，有的虽然雷人，虽然轰动，其实缺少相应的学术含量，缺失知人论世的起码原则。

应该说，在短短三十年间，周作人研究确实有了长足进展，除了资料的搜集整理外，更有不少有价值的专著，对周作人的社会思想、文艺理论、创作成就、翻译成就等进行研究，取得一些重要进展。然而，也出现了一些不协调的声音，甚至有些非专业研究者不惜曲解事实，为周作人辩解和翻案。在拿周作人与乃兄鲁迅进行比较研究时，许多研究者肆意抬周贬鲁，评价失衡，甚至不惜拿鲁迅充当"祭旗的牺牲"。有研究者认为，周作人的散文闲适淡雅，没有人间烟火气，读之令人心旷神怡，是散文中的上品。与周作人比较，鲁迅的散文则显得太直率，太直面人生，火药味未免显得太浓，只能算散文中的中品或下品。还有研究者指出，周作人的文艺思想比鲁迅高明，鲁迅只知道"为人生""揭出病苦"，"普罗气"太重，而周作人"人的文学"、平民文学则真正体现了现代知识分子对人类命运的终极关怀。就翻译成就而论，有的研究者认为，周作人的翻译成就比鲁迅大得多。在谈到周、鲁的历史地位时，也有研究者认为，总体而言，周作人在五四新文化运动中的地位，要比鲁迅高得多。至于"二周失和"，许多新派研究者貌似公允，大讲"清官难断家务事"，其实在字里行间却已断案，参照弗洛伊德的性心理学，暗示鲁迅对其弟媳不无垂涎，结果打翻了周作人的"醋坛子"，兄弟二人彻底翻脸。

在谈到周作人为什么当汉奸这一重大历史问题时，有的研究者不顾历史事实，曲意辩解：有说迫不得已，情有可原的；有说一念之差，偶尔失足的；还有说并非投降日寇，而是中共让他留在北平，深入敌人心脏从事地下工作的。更可笑的是，有的研究者竟然说，周作人即使在当汉奸后，依然是一个高尚的人道主义者，而且即使他不当汉奸，也会有别人去当，与其让别人当，还不如让周作人当。显然，这些论点已有失学者的基本理性，即便到了世界大同，也很难获得认同。毕竟个人难以超越具体的历史阶段，父母之邦不应背叛，做人总是要坚守最起码的道德底线。如果周作人在抗战时期的政治选择可以容忍，值得推广，哪里还有抗战胜利，哪里还有正义非正义之分？

在过去二十年，近现代中国历史人物研究中还有一个更值得注意的倾向，即日本的"侵略有理论"以及与之相呼应的"汉奸有理论"对中国学术界的渗透与影响。某些学者公然为汪精卫的卖国理论与卖国实践翻案，为汪记"曲线救国论"招魂。他们甚至提出要重估汪伪政权的历史功过，要彻底摆脱国共两党原来对汪伪政权的观点，声称汪精卫的"南京国民政府"是重庆国民政府的补充，它代表了广大"灰色地带"人民的利益，而不是代表日本法西斯的利益。与此同时，一些歪曲历史，美化汪精卫、陈璧君、周作人等人的论著、文艺作品纷纷出笼。在沦陷区和汪伪统治区活跃的作家张爱玲、梅娘、苏青、胡兰成等人的作品一度畅销，成为过去二十年非常奇怪的一道文化景观。

这些现象之所以发生，背景极为复杂。其中一个最值得注意的情况是这些历史人物的亲属及与近现代中国历史人物有关系的地方政府或团体的介入，使历史人物研究带有过多的感情色彩，许多本来并不难解决的问题成为旷日持久的争论的焦点，许多本不该翻案的问题也被重新翻案，使问题越来越繁杂。方伯谦、严复等人的研究都存在这些问题。这些历史人物的后人和相关政府或团体希望对这些历史人物的评价高一些，这是可以理解的。但是，历史学如果不尊重事实，就只能沦为一种"史学广告"，为亲者讳，为贤者讳，为尊者讳，那确实是学术的堕落和悲哀。

某些研究者由于知识背景和能力的限制，无法从宏观上把握研究对象在整个历史发展进程中所处的实际地位，而过多地投入感情。甚至可以说，许多研究者研究谁就爱谁，自己不能与被研究者保持距离，进行分析，有点批判意识，有些过分武断者甚至不许别人对他的研究对象说一句不好。这显然不是科学的态度和精神。

过去三十年近现代中国历史人物研究中所出现的过分翻案倾向，使原本可以接受的结论变成摇摆不定的问题。如果说1978年之后的最初十年，近现代历史人物研究中的翻案还带有拨乱反正意义的话，那么1989年之后二十年的某些翻案文章，则更多地带有搅浑水的意味，带有黑格尔所说的"正反合"的意思，以否定之否定的研究方法作为学术创新的捷径，这就必然丧失最起码的学术良知和价值标准。

"历史三调"

——甲午战争百年研究史的简述与思考

1894 年的甲午战争，距今已过两个甲子。理论上说，人们应该对这段历史渐渐淡忘，研究者也会渐渐将这段历史作为纯粹的学术题目进行研究，不再掺杂那么多的感情因素。然而，由于中国政治、历史的特殊性，这场战争似乎并未远去。回望一百二十年来对甲午战争的研究，最好的总结应该是学界泰斗戚其章先生的《中日甲午战争史研究的世纪回顾》，这是《历史研究》杂志社2000 年组织的 "20 世纪中国历史学回顾" 专题论文之一。此外，许华先生对甲午战争研究的学术史也有系统梳理，其主要成果见于陈高华、张彤主编的《20 世纪中国社会科学》的《历史学卷》（广东教育出版社 2006 年出版）。本文在范围、细节上不可能超出戚先生、许先生，因而不拟像他们两位那样进行学术史的细致描述，而是通过对一个多世纪以来甲午战争研究的学术成果的总体把握，归纳出一点想法，以供方家批评。我的大致看法，可以借用美国的中国历史学教授柯文先生对义和团战争"历史三调"的归纳，从政治、历史及启示三个层面或视角，概述过去一百多年的甲午战争研究史。

作为政治的甲午研究

对于中国来说，甲午战争打成那个样子，一败涂地，丧权辱国，主要不是中国军事上不如人，而是中国人从一开始就陷入了无谓的政治纷争。政治分歧、派系斗争，是中国失败的根源，也是一百多年的甲午战争研究始终无法走出的历史怪圈。

那时的中国，是一元帝制时代，皇帝拥有至上权力，"君要臣死臣不得不死"，虽说略有夸张，但君权至上、君权神圣，让君宪改革后的日本望尘莫及，自愧弗如，而中国自身也往往以效率、统一自诩。正像驻日公使汪凤藻当年观察到的那样，日本政府受制于宪政后的议会、舆论、民意，甚至还受到军方、君主的牵制。然而，如果仔细研究甲午战争，人们不禁要问：分权的日本从表面上看没有中国式的动员能力、速度，但为什么中国却最终成为失败的一方，而且失败得那样惨不忍睹，令人窝心？

其实，道理非常简单。一个表面上统一、和谐的中国，受制于各种复杂的矛盾，在几乎所有可关联的地方，只有冲突，没有和谐，更不要说一致：两宫之间，在战与和上不一致；最重要的大臣，李鸿章与翁同龢，李鸿章与张之洞，分属于各自的阵营，没有可以共同遵守的底线，没有为之一致奋斗的理由，有的只是借机落井下石，乘人之危……

战争之后，一批政治边缘人物，例如原本对清廷、李鸿章寄予极大希望的孙中山，在关键时刻转身反水，抄了清廷的后路。这不仅为此后中国的政治发展埋下了伏笔，也是一百多年来甲午战争研究的许多分歧无法消弭的根本原因。

站在孙中山等革命党人的立场上看，这场战争一无是处。清廷腐败，李鸿章腐败，北洋海军腐败，中国还处在满洲人的殖民统治之中，因而孙中山对这场战争不是旁观，而且准备趁着日本军队的进攻，顺势发动反对满洲人殖民统治的民族革命，驱逐鞑虏，恢复中华。按照孙中山、革命党人给出的叙事原则，我们可以看到过去一百多年中相当一部分研究成果，不是将这场战争视为中日两个国家之间的较量，而是看作"清日战争"，看作"新异族"日本驱逐"旧异族"满洲人的斗争。从这个视角去研究甲午，可以看到清廷、清政府、清军几乎所有举措全错，毫无可取之处。

孙中山是近代中国民族民主革命的先行者，他要推翻的清廷，在最后时刻确实没有经得起考验，满洲统治集团退出中国政治舞台，成为彻底的失语者。历史是后来者写的，也是胜利者写的。更须注意的一点是，从晚清到民国，不是传统中国一般意义上的改朝换代，而是被赋予"革命"的意义，因而孙中山所反对的清廷，并没有随着民国的建立，随着国民党执政而"去妖魔化"。相反，由于此后历史的复杂性，国共两党在孙中山之后争正统，国民党的近代历史叙事将1894年甲午战争作为中国革命的起点，将中国在甲午战争的失败，视为清廷腐败的证据；而把国民党从大陆驱逐出去的中共，其近代中国历史叙事，也没有另起炉灶，重新建构，而是以孙中山为先驱，继续视清廷为反动腐朽，视中国在甲午战争中的失败为历史必然，为中国革命的开始。

与孙中山的情形相类似，康有为、梁启超等人由于后来与清廷闹得极不愉快，因而康梁留给后世的甲午叙事虽然精彩、精致，但仔细思索，康梁对甲午的认知，与历史本身可能还有很大距离，具有不易克服的偏见。

翁同龢对康有为有知遇之恩，因而在康有为的叙事中，翁同龢战前主战，战后主张赔款不割地。这原本不过是众多主张中的一种，在很多时候却被渲染为道德上的正当性，甚至在一些研究者看来，假如清廷当时听取了翁同龢而不是李鸿章的意见，中国战则胜，败也不会那样惨。

其实，康有为的这些看法并不是对甲午战争进行缜密研究后得出的结论，而是康有为基于自己的政治立场而建构的历史叙事。我们只要对照其弟子梁启超对甲午战争的讨论，对李鸿章的看法，很容易知道他们师徒二人的看法并不一致：康有为极端同情翁同龢，而梁启超则对李鸿章的谋略大致认同，对于李中堂的憋屈给予无限同情。

政治立场深刻左右了对甲午战争的研究，横看成岭侧成峰，形成甲午叙事中一道歧见杂陈的风景。去政治化，应该成为甲午研究者的自觉，没有与政治的自觉疏离，没有脱离政治的独立思考，甲午研究就不可能真正成为一门独立的学问，就很难得出让人信服的结论。

作为历史的甲午研究

近代中国政治的复杂性，使我们很难将甲午战争作为一个单纯的历史事件去研究。即便是处在历史旋涡中的大人物，也没有办法左右历史叙事，他们能够做的，就是最大限度地提供有利于自己的证据。科学的、历史的甲午战争研究，就在这样的背景下展开。

1901年，李鸿章去世。稍后，桐城吴汝纶主持编纂了《李文忠公全书》。这部书比较全面地反映了李鸿章一生的事功、思想，是研究李鸿章和晚清四十年不可或缺的重要参考，自然也是研究甲午战争的重要资料，是甲午战争研究基础建设的起步。

李鸿章是甲午战争的中方主帅，在战前几十年具体负责处理中朝、中日以及中国与世界各大国的关系，是曾国藩之后中国政治舞台上的第一汉大臣，读懂李鸿章，才能读懂晚清几十年的历史。李鸿章参与过1884年的中法战争交涉，熟悉中日、中朝关系的历史，因而他在甲午战争中的主张、作为，非常值得分析。有学者强调甲午战争为李鸿章一人敌一国，显然太过，但无视李鸿章的思路，不能进入李鸿章的内心世界，也就很难弄清这场战争的是非曲直。然而由于吴汝纶在编辑《李文忠公全书》的过程中，有为李鸿章辩诬止谤的主观诉求，因而有意无意删除了一些不利于李鸿章的内容，这是这部大书的不足。

留意李鸿章研究的变迁，不仅可以明白几十年来中国近代史研究的大势，而且对于重新理解甲午战争，从历史事实本身弄清这场战争的缘起、转折，以及中国失败的症结之所在，都极有好处。在改革开放之前，李鸿章是一个绝对的负面人物，是卖国贼，是汉奸。这些指控虽说没有多少事实依据，但三人成虎，很多人信以为真，即便贵为国家领导人，也很难摆脱历史成见。改革开放之后，对近代中国许多问题都有新的解释，李鸿章研究也在这一历史进程中有了极大改观，研究者比较多地肯定了他在甲午战争中的积极作用。与李鸿章相类似的有翁同龢、张之洞。翁同龢的日记也在20世纪20年代出版，虽然因各种原因，也有为尊者讳的不足，但鉴于翁同龢的地位、影响力，其日记对甲午战争研究的意义不言而喻。张之洞是甲午战争中仅次于李鸿章、翁同龢的重要人物，在战争后期有关台湾前途的交涉中，张之洞的作用，至今都没有得到很好揭示。张之洞全集也在其去世后不久开始编纂，1928年出版。

李鸿章、翁同龢、张之洞等人相关资料的出版，为全方位研究甲午战争提供了可能。近年来，因为清史研究工程的推动，甲午战争相关人物的资料都有新的整理本，更全，更准确，而且范围也有极大扩展，例如袁世凯、张謇、张荫桓、李秉衡、文廷式、黄遵宪、严复等人的资料，均相继整理出版。

甲午战争基础史料的整理方面，还有《清光绪朝中日交涉史料》《清季外交史料》值得注意。前者为清光绪朝官方档案，甲午战争缘起、过程、结局，何以如此，都能在这套档案中找到解释。后者为王彦威、王亮父子相继辑录的清军机处等衙门外交史料。此外，蒋廷黻《近代中国外交史资料辑要》也值得重视，他的用心是要将中国外交史学术化，而不是仅仅秉持简单的民族主义、国家立场。蒋廷黻《中国近代史》叙事简略，但其对甲午战争的由来、转折及结局的分析，极富创见。

甲午战争研究最基础的资料，首推邵循正等编辑的七卷本

《中日战争》，这是中国史学会主持整理的《中国近代史资料丛刊》之一种，1956年由新知识出版社出版。这是国内外研究甲午战争的学者的案头必备书，可以说没有一个甲午战争的研究者可以无视这部书的存在。20世纪末，戚其章先生受托续编《中日战争》十二册。正续两编基本上将甲午战争公私档案文书一网打尽，贡献极大。

将甲午战争尽量进行学术化处理，是几代近代史学者的共同心愿，他们在加强资料储备的同时，也进行了许多有意义、有价值的工作。

九一八事变发生后，中日关系面临新的危机。为了吸取历史教训，王芸生在《大公报》开辟专栏，详述中日关系史，稍后结集为《六十年来中国与日本》出版，共七卷，前三卷围绕甲午战争展开，资料价值非常高，对于此后中国政治发展也具有积极意义，是近代中日关系史的奠基之作。

紧接着，王信忠《中日甲午战争之外交背景》作为"毕业论文丛刊"之一于1937年初由清华大学研究院出版。这是蒋廷黻、钱稻孙、张荫麟指导完成的专题研究，充分挖掘中日文史料，详细描述两国政策演变、情势推移，至今依然具有极为重要的参考价值，后收入上海书店出版社的《民国丛书》重印。

石泉的《甲午战争前后之晚清政局》也是学位论文，完成于1948年，指导老师为陈寅恪。这部著作带有强烈的忧患意识，通过对甲午战争前后中国内部情势演变的考察，以为此役实为近代中国转捩点。其失败，固然有国际形势变化的深刻影响，但根本上则是因为中国此前三十年所谓"自强运动"实际上并没有获得预期效果。内政的失败，是甲午战败最直接的原因：一是晚清士大夫不明世界大势，因而耽搁了许多根本性改革；二是太平天国内乱导致汉人势力崛起，满洲人的中央集权受到极大削弱；三是政治场上的清流、党争、言官，极大削弱了中央凝聚力。这部书正如刘桂生先生在序言中所表彰的那样，对史料的收集、考辨、研讨、分析，可谓详尽、透彻、深细。不过，这部书直至1997年方才正式出版，此时学术界对许多细节的研究，已有很大进步。

从学术上建构甲午战争研究，还有很多成果值得注意。张忠绂、张荫麟、左舜生、千家驹、孙毓棠、戴逸、周一良、陈诗启、胡滨、祁龙威等都有精湛的研究。而台湾学者王家俭、李国祁、李守孔、林明德等，也都在甲午战争学术化方面做出各自贡献，极大扩充了研究资料，拓宽了学术视野。

在如此众多的成果中，陈伟芳1959年在三联书店出版的《朝鲜问题与甲午战争》最值得注意。这部书以极其冷静的笔调描绘了朝鲜问题的由来，因其超越性的国际视野，是那个时代难得的学术作品。

当然，在1949年之后，真正从学术上为甲午战争研究建构一套完整自洽的范式，不论是中国还是国际学术界看来，第一把交椅非戚其章先生莫属。戚先生1948年毕业于中央大学机械工程系，翌年加入中国人民解放军，出任华东军政大学教员，1952年因病返乡担任威海一中教师后，因地理之便，兴趣使然，开始在甲午战争史研究领域用功，属于甲午战争史研究的开拓者之一。先后出版有《中日甲午威海之战》《北洋舰队》《甲午战争与近代社会》《甲午战争国际关系史》，主编有《中国近代史资料丛刊续编》之《中日战争》。其扛鼎之作为《甲午战争史》，这部书初版于1990年，后修订再版。

戚其章《甲午战争史》的优长之处在资料方面。由于作者负责编辑《中国近代史资料丛刊续编·甲午战争》，因而有机会采集中日英文已刊未刊资料，作者据此系统研究甲午战争海战、陆战各役战略战术，中日双方布局、得失。作者长时期潜心于甲午战争史料，具有广阔的国际视野，从近代中国历史转型的视角，探究甲午战争爆发的国际、国内背景，以及中国失败、日本获胜的政治、经济、军事等方面的原因。这部书所取得的成绩，特别是其范式建构，在未来相当一段时间无法被超越。

接续戚先生，一批年轻的甲午战争研究者脱颖而出。许华对甲午战争史全局的把握，姜鸣对北洋海军建军史的研究，陈悦对黄海大战尤其是各战舰细节的研究，在新资料的发掘、局部细节的重建上，都做了非常有意义的工作。

过往百年，甲午战争研究获得了丰硕成果，这篇短文没有办法详细介绍。张海鹏先生主持编辑的《甲午战争的百年回顾——甲午战争 120 周年学术论文选编》由中国社会科学出版社出版，厚厚一大本汇集了百年来甲午战争学术研究的精华。

作为启示的甲午研究

甲午战争是中国人的心灵之痛，是近代中国历史的分水岭，先前几十年从容的改革进程，因这场战争而被彻底打断。李鸿章、梁启超等人强调这场战争是中国"数千年未有之大变局"，其蕴含的深意是这场战争不仅将近代中国几十年历史分为前期、后期，而且将几千年的中国史分为古代、近代。

就近代中国历史而言，中国并没有在 1840 年鸦片战争之后迅速转身学习西方，而是在经历了第二次鸦片战争失败后，在面对太平天国内乱困局而无法化解时，不得已采纳变通方略，"学洋救国"。基于此，清廷主导的学习西方，并不是国家再造，不像日本在经历了尊王攘夷政治剧变后开始的明治维新，着力于政治上的改革。清廷 19 世纪 60 年代的觉醒，就是看到了西方坚船利炮的威力，就是要用这些东西继续维护满洲人的政治统治，因而在此后三十年，中国经济急剧发展，军事力量也有很大改善，北洋海军成军，就是一个很好的标志。但是，清廷统治者那时根本没有想过近代民族国家的建构，没有想过权力分享，因而尽管经济发展、军力提升，但一个传统的中国一旦遇到经过近代化改造的日本，还是原形毕露，不堪一击。中国在甲午战争中的失败，就是体制之败，是中国不全面改革的必然结果。所以，等到这场战争结束，清廷主政者引领中国开始一轮真正意义上的改革，转身向东，学习日本，重走日本维新之路。从这个意义上说，甲午战争确实将近代中国的历史一分为二，此后的中国，再也不能像过去那样从容逍遥于世界体系之外。

就大历史而言，甲午战争之前的中国人，普遍没有弄明白近代的意义、西方的意义，不知道西方与中国的不同，是中国文明代表了过去，是一种农业文明，而西方近代文明是一种工业的、商业的文明。所以，中国面临的挑战，是能否利用后发国家优势，急起直追，充分模仿西方的工业化、近代化，同时，适度、适时改造传统文明中与近代化不合的因素。甲午战前，中国人没有弄明白这些道理；甲午战后，失败给了中国人深刻的教训。中国近代化的真正起步，实际上就从甲午战后开始。

中国历史学的传统素来强调经世致用，通古今之变。甲午战争后的巨额赔款、割地，朝鲜的脱离，宗藩体制彻底解体，都是中国人的惨痛，之后百年关于甲午战争的研究，相当一部分成果，差不多都是从中国的教训切题，都希望为中国未来更加顺畅地发展提供某种借鉴。刘大年在评价王芸生 20 世纪 30 年代编成的《六十年来中国与日本》一书价值时，一方面强调其学术意义，另一方面肯定这部著作对于抗战动员具有不可估量的作用。实际上，王芸生之所以在那个时代致力于对过去几十年的中日关系全面检讨，本意就是要为中国即将兴起的救亡运动提供历史性的依据。

这类成果在甲午战争研究领域较为普遍。畅销书《甲午殇思》，就代表了这样一种倾向。这部文集的作者以军方将官为主，分别从学术、制度建设、战略战术、文化等角度，反思甲午战争的教训，寻找甲午战争的启示，立足于打赢可能第三次发生的中日战争。

在这本书中，刘亚洲将军从制度、战略、信仰、国运等层面探究中国失败根源，以为甲午之败非海军之败，也非陆军之败，而是国家之败，是一个前现代国家面对一个现代国家的必然结果，没有任何值得惋惜的理由。刘亚洲认为，甲午一役，是民族之哀，民族之痛，也是民族之幸。中国正是因为这场战争的失败，一个奇妙的瞬间诞生了。在这个瞬间，历史向古老的中国打开了另外一扇门，中国人真正睁眼看世界，真正走向世界，中国的面貌由此发生根本改变。

海军将领丁一平在这本书中集中分析了甲午海战的战略战术，以为海战的失败，深层原因是清朝统治者腐朽奢靡、苟且偷安、派争党伐。就战略而言，丁一平认为，那时的决策者对世界不太了解，对日本的海军战略也缺乏准确判断，辅助决策的军机处既不懂军事也无权典兵，战略决策迟疑不定，心存侥幸，战争中始终处于被动应付地位。至于战术层面，丁一平也有很精彩的检讨。

《甲午殇思》为"启示派"甲午战争研究之集大成，如果一定要说其问题，就是有些讨论过于感情用事，过于张扬民族主义情绪，具有强烈的复仇意识，对日本战略战术的检讨，也多以阴谋论路径进行分析，因而显得离历史真实稍远。

历史学的研究，说到底是弄清事实。未来的甲午战争研究，应该渐渐从政治性的研究思路中走出，渐渐超越寻求甲午战争的启示，回到历史学的原点，弄清甲午战争是什么，让读者在清晰的研究思路中恍然有悟，明白，或者似乎明白为什么。

所谓新旧
——重建"五四"历史叙事

新文化运动被视为中国的文艺复兴,是中国民族精神的重新整理。在这个运动中,即或有不同意见,但在重新振兴民族精神、重建文化体系方面,实际上并没有真正意义上的反对派。在新文化运动中有左中右的区别,但大体上说他们都是新文化运动中的一个分子,只是在某些问题上或偏于激进,或偏于保守,或偏于守成,或坚守中立。从这个意义上说,所谓的新旧冲突是存在的,但其性质可能并不像过去所评估的那样严重,新旧人物在某些观点上的对立、冲突、交锋,实际上很可能如胡适在美国留学时与梅光迪、任鸿隽的冲突一样,是在朋友之间发生的,其程度可能也不像我们后人所感觉所想象的那样严重。他们的交锋与交集,其实就是你中有我、我中有你,新中有旧、旧中有新的状态,没有严格意义上的绝对的新,也没有严格意义上的绝对的旧。

建设的文学革命

胡适 1917 年年初发表的《文学改良刍议》确实抓住了近代以来中国文化的关键，回答了陈独秀在《甲寅》时代一直在思考的问题，即为中国寻找出路怎样在文化层面真正落实，因而陈独秀有正中下怀的感觉。只是他的老革命党人的脾气，使他觉得胡适的什么"改良"，什么"刍议"等，实在是过于不温不火，过于与旧势力周旋，过于担心旧势力的攻击，所以陈独秀甘冒全国学究之敌，高张"文学革命军"的大旗，去声援胡适，推动文学革命的进展。这样，胡适不温不火的"文学改良"就变成了陈独秀风风火火的"文学革命"。

胡适、陈独秀的主张首先获得钱玄同的支持，这一点非常具有象征意味。大家都知道钱玄同是国学大师章太炎的得意门生，而章太炎的文章从来都是典雅的古文，一部刻意用古汉语且尽量使用冷僻字写成的《訄书》既难倒了许多读书人，更使许多读书人甘拜下风，自叹弗如。中国读书人从来就是佩服自己不懂的，而轻视乃至蔑视自己都懂的。炫耀古文功底，是章太炎成功的秘诀与法宝之一。

然而人们不知道的是，章太炎其实还是近代中国白话文运动的鼻祖。大约在东京办《民报》的时候，章太炎就用白话撰写讲稿，当然这些讲稿大致都不是纯粹的学术文字，而具有教育普及、学术普及的意味。他在那时自撰的讲稿和讲演记录后来被结集为《章太炎的白话文》出版，集子的出版时间虽然较晚，但所收的文章最初发表则在 1910 年创刊出版的《教育今语杂志》上。这本由张静庐策划的小书中还误收了钱玄同的一篇《中国文字略说》。这又在一定程度上说明章太炎、钱玄同师徒两人可能都比较注意白话文在述学中的可能与尝试。这个尝试似乎比胡适的尝试要早好几年。所以当胡适欲以白话作为中国文学正宗的文学改良论发表后，自然能够与钱玄同的意识接上头，获得积极反响与回应。

紧接着，刘半农也在《新青年》三卷三号（1917年5月1日）发表《我之文学改良观》，对胡适、陈独秀、钱玄同等人的主张予以积极回应，对胡适的文学八事、陈独秀的三大主义及钱玄同的"选学妖孽""桐城谬种"等文学主张"绝对表示同意"，复举平时意中所欲言者，提出自己的文学改良观。刘半农认为，白话文言暂时可处于相等的地位，同时主张打破对旧文体的迷信，从音韵学的角度提出破旧韵造新韵，提倡使用标点符号、文章分段等，以此丰富现代汉语的表达方式和表达方法。

过去的讨论，总认为刘半农的加入说明新文学的阵营在逐步扩大，但刘半农的几点新建议又表明新文学阵营中也不是意见一致。这种说法只看到了问题的表面，似是而非。其实，从刘半农的学术志向和学术重心看，他的建议只是在很大程度上丰富了胡适文学改良主张的内容，新文学阵营并不存在内部分歧。

刘半农是一个非常了不起的学者、文人。我们在前面已大致讲过他的经历。他有良好的家庭背景，成名较早，只是他属于上海滩的鸳鸯蝴蝶派，所以当他后来加入北大知识分子群时，有时也被那些出身名门正宗的知识分子稍稍轻视乃至蔑视。不过正是刘半农早期鸳鸯蝴蝶派的文学经验，使他对民间文学、对白话文在文学中的地位可能有着不一般的个人认识，从而使他对胡适的文学改良主张发自内心地认同，所以他的发言和加盟不仅使新文学主张有了实践经验作为支撑，而且使新文学阵营更加多样化、多元化。

新文学阵营的多样化、多元化是客观事实。其实当陈独秀的《文学革命论》发表之后，胡适就意识到这一点，就觉得陈独秀的主张与自己的主张有着很大不同，至少自己是准备以学理讨论的方式进行，而陈独秀似乎并不这样认为。

胡适致信陈独秀说，文学改良这种事情，其是非得失，非一朝一夕所能定，亦非一二人所能定。甚愿国中人士能平心静气与我们这些倡导者同力研究这个问题，讨论既熟，是非自明。我们既然已经打出文学改革的大旗，当然不会再退缩，但是我们也决不敢以我们的主张为必是而不容他人之匡正。①

很显然，胡适这些温和的主张如他自己所说的那样，是一种实验主义哲学的基本态度，而其之所以在这个当口再次重申，也不是没有来由。他的《文学改良刍议》于这年年初发表后，当代古文大家、不懂西文却是西方文学名著翻译大家的林纾就于2月8日在上海《民国日报》著文商榷，题目就叫作《论古文之不宜废》，观点鲜明，但理由不足。最令人发笑但反映出林纾最诚实的一面，是他说的这样一段话："知腊丁之不可废，则马班韩柳亦自有其不宜废者。吾识其理，乃不能道其所以然，此则嗜古者之痼也。"

林纾的这个说法原本并没有什么不妥当，但被胡适、陈独秀等人大肆渲染之后，成为一种比较荒唐的文化主张。胡适说："'吾识其理，乃不能道其所以然'，此正是古文家之大病。古文家作文，全由熟读他人之文，得其声调口吻，读之烂熟，久之亦能

① 《胡适致陈独秀》，《新青年》三卷三号。

181

仿效，却实不明其'所以然'。此如留声机器，何尝不能全像留声之人之口吻声调？然终是一副机器，终不能'道其所以然'也。"接着，胡适以调侃的口吻挑剔林纾文中的表述毛病，用现代文法去分析林纾古文表达中的缺陷。

胡适的温和主张并不被陈独秀所接受，陈独秀或许因为林纾等人的刺激，以不容讨论的姿态表达自己的主张，这实际上开启了一场原本不一定会出现的文化论争。陈独秀说："鄙意容纳异议，自由讨论，固为学术发达之原则，独至改良中国文学当以白话为正宗之说，其是非甚明，必不容反对者有讨论之余地；必以吾辈所主张者为绝对之是，而不容他人之匡正也。其故何哉？盖以吾国文化倘已至文言一致地步，则以国语为文，达意状物，岂非天经地义？尚有何种疑义必待讨论乎？其必欲摈弃国语文学，而悍然以古文为文学正宗者，犹之清初历家排斥西法，乾嘉畴人非难地球绕日之说，吾辈实无余闲与之作此无谓之讨论也。"[①]

古文家的理由或许如林纾所说，"吾识其理，乃不能道其所以然"，但陈独秀的态度无疑是一种新的文化专断主义。这种文化专断主义如果所持立场是正确的，如白话文学论，可能不会有什么问题，但从这个立场出发，人人都认为自己的主张是正确的，正确到不容别人讨论只能执行、采纳的程度，恐怕问题也不少。五四新文化运动后期出现的所谓新传统主义，所采纳的思路、理路，都与陈独秀的主张和致思倾向几乎完全一致。

当然，正如胡适所说，陈独秀这种武断的说法，真是一个老革命党的口气。胡适等人一年多文学讨论的结果，得着了这样一

---

① 陈独秀按语，《新青年》三卷三号。

个坚强的革命家做宣传者，做推行者，不久就成为一个有力的大运动了。[①] 到 1917 年年底，文学改革思想已经赢得许多北大学生的热情支持，其中包括傅斯年、罗家伦。

傅斯年和罗家伦都是"五四"爱国运动中的风云人物，也是新文化运动中的重要代表。傅斯年（1896—1950），字孟真，祖籍江西永丰，生于山东聊城，1913 年考入北大预科，三年后转入文科。傅斯年具有深厚的国学基础，所以他在北大读书时就显得与其他学生很不一样，深受当时北大教授刘师培、黄侃、陈汉章等人的器重与赞许。这些大师级的教授希望傅斯年能够传承刘师培的仪征学统，或者成为章太炎学派的传人，对他另眼相看，期待甚殷。

然而傅斯年受到《新青年》所宣扬的民主与科学新思潮的影响，特别是当蔡元培、陈独秀、胡适等新派人物相继来到北大后，他从先前寻找旧学的迷梦中惊醒，转而支持新文化运动，进而成为新文化运动的主力。

1918 年年初，傅斯年以"北京大学文科学生"的身份在《新青年》四卷一号（1918 年 1 月 15 日）发表《文学革新申义》，从道义和学理上为胡适、陈独秀等人倡导的文学革命提供声援和支持。傅斯年指出，根据他的了解，文学革命的口号虽然响彻知识界，但国人对此抱有怀疑态度的大有人在。恶之深者，斥文学革命为邪说；稍能容者，亦以为文学革命不过是异说高论，而不知它是时势造成的必然事实。为回击反对者、守旧者对文学革命

---

① 《逼上梁山——文学革命的开始》，《胡适自传》，132 页，合肥：黄山书社，1986 年。

183

的责难，为一般怀疑文学革命价值者释疑解惑，傅斯年在这篇文章中以历史进化论的观点对文学革命的必要性、必然性进行了充分阐释。[①]

紧接着，傅斯年又发表《文言合一草议》一文，对废文辞而用白话的主张深信不疑，以为文言合一合乎中国语言文化发展的必然趋势，白话优于文言，不是新文学倡导者的凭空杜撰，而是中国文化发展的必然结果：白话近真，而文言易于失旨；白话切合人情，以之形容，恰得其宜，以之达意，毕肖心情。所以在中国文学传统中，真正优秀的第一流作品如《史记》，如《汉书》，如唐诗、宋词、元曲等，其实都大量容纳、吸收了市井俚语、民间白话，历代所谓典雅文字其实都像《诗经》一样是由民间文学提升上来的，并不是文人雅士闭门造车。

在胡适、陈独秀、刘半农等人讨论的基础上，傅斯年提出"文言合一"的方案，以为文言白话都应该分别优劣，取其优而弃其劣，然后再归于合一，建构一种新的语言文字体系。他的具体办法是：对白话，取其质，取其简，取其切合近世人情，取其活泼饶有生趣；对文言，取其文，取其繁，取其名词剖析毫厘，取其静状充盈物量。简言之，就是以白话为本，而取文词所特有者，补苴罅漏，以成统一之器，重新建构一种新的语言形态。

进而，傅斯年还提出重新建构新的语言形态的十项规条，逐条分析代名词、介词、位词、感叹词、助词等词类在白话、文言中的具体运用，这就将胡适等人引起的讨论向实际创造和实际运

---

① 《文学革新申义》，《新青年》四卷一号。

用方面深入推进。①

与傅斯年情形相像的是罗家伦。罗家伦（1897—1969），字志希，浙江绍兴人。1914 年入复旦公学，1917 年肄业后进入北京大学文科。罗家伦具有良好的家学渊源，又与蔡元培是绍兴小老乡，因而他在北大读书期间如鱼得水，很受蔡元培的器重和栽培。他后来成为北大乃至全国的学生领袖，是五四爱国运动中的北大"三剑客"之一。

根据罗家伦的回忆，他的文学革命思想产生得比较早，大约在幼年时代读私塾时，就对读死书、读天书、死读书的情形深恶痛绝，以为中国旧有的文化形态严重束缚了中国人的创造性灵。幼年时代的生命体验使他很早就期待文学形式能够发生一次革命性的变化，所以当胡适在《新青年》发出文学改良的呼吁后，罗家伦发自内心表示拥护，主张文学革命，强调要创造国语文学，打破古典文字的枷锁，以现代人的话，来传达现代人的思想、表现现代人的感情。

傅斯年、罗家伦的加入，为文学革命在青年学生特别是北大学生中赢得了支持者，他们在 1918 年和 1919 年所写的文章促进了文学改革在青年中的流行，渐渐减轻了文学革命承受的青年学界的压力。

不过，更值得指出的是，文学改良、文学革命在 1917 年虽然闹得轰轰烈烈，但那时真正站出来公开反对的人其实也不多，静观其变、等待新文学实际成就的还是大多数。然而真正用新文学、白话文完成的作品并未出现，即便是那些在《新青年》上发表的

---

① 《文言合一草议》，《新青年》四卷二号，1918 年 2 月 15 日。

政治散文，虽然鼓吹新思想，鼓吹文学改良、文学革命，但差不多也都是用文言，像傅斯年的几篇文章就是如此。这就构成一种反差非常强烈的讽刺，当然也引起了文学改良者的自我反省。傅斯年道："始为文学革命论者，苟不能制作模范，发为新文，仅至于持论而止，则其本身亦无何等重大价值，而吾辈之闻风斯起者，更无论焉。"[①] 所以，到了 1918 年，新文学的倡导者几乎不约而同地将精力用于新文学的创造与尝试。

1918 年 1 月起，《新青年》在北大六教授的主持下全新改版，只刊登白话文作品，以崭新的面貌与读者见面，于是风气大开，知识界真正开始尝试用白话文写作各种文体。这就是胡适所期待的"建设的文学革命"。

在"建设的文学革命论"框架中，胡适宣布古典文学已经死亡，今后的中国只能是白话文的天下。他用十个大字概括"建设的文学革命论"，那就是："国语的文学，文学的国语。"所谓的文学革命，其实就是要为中国创造一种国语的文学。有了国语的文学，方才可能有文学的国语；有了文学的国语，我们的国语才可算得上真正的国语。国语没有文学，便没有生命，便没有价值，便不能成立，便不能发达。这就是胡适"建设的文学革命论"的基本宗旨。

在胡适看来，过去两千年中国文人所做的文学都是死的，都是用已经死了的语言文字做的。死文字绝不能产生出来活文学。所以，中国过去两千年只有些死文学，只有些没有价值的死文学。

简单地说，自《诗经》以下至于今，但凡有价值的文学，都

---

① 《文学革新申义》，《新青年》四卷一号。

是用白话文做的，或者是近于白话文的。其余的都是没有生气的古董，都是博物院中的陈列品。我们为什么喜欢《木兰诗》和《孔雀东南飞》？因为这两首诗是用白话文做的。我们为什么喜欢陶渊明的诗和李后主的词呢？因为他们的诗词都不是用文言写作的，而是使用了大白话。

到了近代，活文学获得了更大发展，《水浒传》《西游记》《儒林外史》《红楼梦》，都是活文学的范本，都是由活文字创造的。假若施耐庵、吴承恩、吴敬梓、曹雪芹这几个人不是用白话文写作的话，而是改用文言，那么这几部作品就不可能有这样强的生命力，也一定不会有这样的价值。所以胡适的结论是：中国若想有活文学，必须用白话，必须用国语，必须做国语的文学。因为死文学决不可能产生出活文学。①

1918 年，被后人看作是新文学元年。这一年，新知识分子纷纷尝试白话诗的写作，并获得了初步成果。胡适后来出版的《尝试集》，被誉为新文学运动中第一部白话诗集，这部集子中的大部分作品都是 1918 年创作的。这部作品诅咒皇权统治的黑暗和儒家伦理、旧礼教的虚伪，展示出个性解放、劳工神圣等进步思想，但在形式上则带有旧体诗的痕迹，白话诗显得还不成熟，表明从传统诗词中脱胎蜕变、寻找新路的转型艰难。但它确实代表了 1918 年中国新文学元年的重要成就。

---

① 《建设的文学革命论》，《胡适全集》卷一，56 页，合肥：安徽教育出版社，2003 年。

仅仅是"尝试"

在胡适的影响下，刘半农、鲁迅、沈尹默、俞平伯、周作人、朱自清、康白情、陈独秀、李大钊、傅斯年、罗家伦等人都纷纷参加白话诗的写作尝试，他们中的许多人后来成为新诗人。

作为文学家的刘半农，他给予中国新文学的最大贡献其实就是他的诗歌。刘半农是一个对民间歌谣、民间文艺有着独特敏感和独特认知的学者，所以他的新诗作品总是充满着浓郁的民间气息和生活感悟。1918年1月，刘半农和胡适、沈尹默三人在《新青年》四卷一号发表了九首新诗，这是中国新诗史上破天荒的大事。刘半农的两首诗为《相隔一层纸》《题女儿小蕙周岁日造像》，充分展示了作者的艺术才能、艺术想象力，显示出新诗破土而出的活力和新诗的早春气息。

相隔一层纸

一

屋子里拢着炉火，

老爷分付开窗买水果，

说"天气不冷火太热，

别任他烤坏了我。"

二

屋子外躺着一个叫化子，

咬紧了牙齿，对着北风呼"要死"！

可怜屋外与屋里，

相隔只有一层薄纸！

题女儿小蕙周岁日造像

你饿了便啼，饱了便嬉，

倦了思眠，冷了索衣；

不饿不冷不思眠，我见你整日笑嘻嘻。

你也有心，只是无牵记；

你也有眼耳鼻舌，只未着色声香味；

你有你的小灵魂，不登天，也不堕地。

啊啊，我羡你！我羡你！

你是天地间的活神仙！

是自然界不加冕的皇帝！

从这两首诗可以看出刘半农对生活的观察如何细致如何入微，文学表达如此动情如此细腻。所以，周作人后来在给《扬鞭集》作序时说，在当年所有的写诗人中，只有两个人最有诗人的天分，一个是沈尹默，另一个就是刘半农。废名也在《谈新诗》中称刘半农是《新青年》时代新诗作家三巨头之一。确实，在尝试新诗写作的阵营中，刘半农的特殊经历特别是其先前鸳鸯蝴蝶派的写作经历，为他的新诗试验提供了很好的资源，他在那段时间里横枪立马，驰骋于新诗的试验场，功绩赫赫，出版有《扬鞭集》《瓦釜集》两部新诗集。

《新青年》时代新诗作家三巨头之一的另一个大家沈尹默，在 1918 年 1 月至 1920 年 1 月的两年间，仅在《新青年》上就发表了十八首白话诗，不仅数量多，而且意蕴深、质量高。他的新诗既继承了中国古典诗歌的优秀传统，又充分借鉴了西洋诗歌的象征取意、散文诗的优点，锐意探索创新，是现代中国文学史上散文诗和象征主义新诗的源头。他在《新青年》四卷一号发表的《鸽子》写道：

> 空中飞着一群鸽子，笼里关着一群鸽子，街上走的人，小手巾里还兜着两个鸽子。
>
> 飞着的是受人家指使，带着鞘儿翁翁央央，七转八转绕空飞，人家听了欢喜。
>
> 关着的是替人家做生意，青青白白的毛羽，温温和和的样子，人家看了欢喜；有人出钱便买去，买去喂点黄小米。
>
> 只有手巾里兜着的那两个，有点难计算。不知他今日是生还是死；恐怕不到晚饭时，已在人家菜碗里。

《新青年》同号发表的另一篇《月夜》短小精悍，寓意深远：

> 霜风呼呼的吹着，
> 月光明明的照着。
> 我和一株顶高的树并排立着，
> 却没有靠着。

这首简短的小诗具有强烈的震撼力，正像有的研究者所解读的那样，凛冽的"霜风"与清冷的"月光"构成了一幅非常凄凉的图画，寓意环境险恶，"我"自淡然、坦然，"我"虽然和一株高树并排站着，但"我"只是并排站着，并没有靠着，表现了作者孤傲的情操，隐含着一种遗世独立的心境。

至于一直被人们所称颂的著名新诗《三弦》，最初发表在《新青年》五卷二号（1918 年 8 月 15 日）：

中午时候，火一样的太阳，没法去遮拦，让他直晒着长街上。静悄悄少人行路，只有悠悠风来，吹动路旁杨树。

谁家破大门里，半院子绿茸茸细草，都浮着闪闪的金光。旁边有一段低低土墙，挡住了个弹三弦的人，却不能隔断那三弦鼓荡的声浪。

门外坐着一个穿破衣裳的老年人，双手抱着头，他不声不响。

全诗静中有动，动静相间，层次分明，情景交融，言有限而意无穷，在静谧单调中蕴含着纯粹的美丽、美感。不说其所蕴含的深意，只说艺术价值，确实是新诗史上值得珍视的重要作品，标志着白话诗尝试的初步成功。

既然是尝试，当然既可能成功，也可能失败；可能有人成功，有人失败。胡适作为《新青年》时代最重要的新诗作家，他的尝试却往往受到责难，被认为是最不成功的。他在《新青年》四卷一号发表的《鸽子》，与沈尹默的作品同题，但意蕴上似乎就有点距离：

云淡天高，好一片晚秋天气！
有一群鸽子，在空中游戏。
看他们三三两两，

回环来往

夷犹如意——

忽地里，翻身映日，白羽衬青天，十分鲜丽。

在同期《人力车夫》中，胡适写道：

"车子！车子！"车来如飞。

客看车夫，忽然中心酸悲。

客问车夫："你今年几岁？拉车拉了多少时？"

车夫答客："今年十六，拉过三年车了，你老别多疑。"

客告车夫："你年纪太小，我不坐你车，我坐你车，我心惨凄。"

车夫告客："我半日没生意，我又寒又饥，你老的好心肠，饱不了我的饿肚皮，我年纪小拉车，警察还不管，你老又是谁？"

客人点头上车，说："拉到内务部西！"

比较沈尹默的同题《人力车夫》，立马可以看出两人的高下。沈尹默的《人力车夫》写道：

日光淡淡，白云悠悠。

风吹薄冰，河水不流。

出门去，雇人力车。街上行人，往来很多；车马纷纷，不知干些什么？

人力车上人，个个穿棉衣，个个袖手坐，还觉风吹来，身上冷不过。

车夫单衣已破，他却汗珠儿颗颗往下堕。

胡适确实做到了怎么说就怎么写，但显得没有意境，没有提升，显然作者提倡白话诗有力，而试验的力度不够，天分不够。即便在思想倾向上，胡适强调面对人力车夫时的两难选择——坐则于心不忍，不坐则车夫又无计为生，暴露了知识阶层、上层社会的虚伪。而沈尹默则突出天寒地冻中穿着破旧单衣的车夫"汗珠儿颗颗往下堕"的惨状，寄托了诗人对平民百姓的无限同情和感同身受。

在新诗写作中最有成就的当然还是俞平伯、朱自清和康白情这一批人。俞平伯（1900—1990），浙江德清人，清末学术大师俞樾的曾孙。由于良好的家庭文化背景，俞平伯1915年考入北京大学预科。受新思想新文化的熏陶，俞平伯思想活跃，思维敏锐，善于接受新事物，积极进取。1918年5月他在《新青年》四卷五号上发表他的第一首新诗《春水》，成为中国早期白话诗最成功的创作者之一。《春水》写道：

一

五九与六九，抬头见杨柳。

风吹冰消散，河水绿如酒。

双鹅拍拍水中游，众人缓缓桥上走。

都说："春来了，真是好气候。"

二

过桥听儿啼，牙牙复牙牙。

妇坐桥边儿在抱，向人讨钱叫"阿爷"！

三

说道："住京西，家中有田地。

去年决了滹沱口，丈夫两男相继死，

弄得家破人又离，剩下半岁小孩儿。"

四

催车快些走，不愿再多听。

日光照河水，清且明！ ①

这首诗的第一节以近乎李白、杜甫的白描手法反映劳动者的生活，写景抒情，清新婉曲，把雪融冰释，河水碧绿，杨柳返青，白鹅双双拍水游戏，众人缓缓桥上行的气象和景致，描写得明媚如画，使读者有亲临其境之感。不仅朗朗上口，音节和谐，声调顿挫，而且用字遣词精当雅洁。这首诗淳朴质实，自由洒脱，通俗易晓，句子长短不一，皆朗朗上口，参差错落有致，突破古典诗歌的韵律，具有非常平实的生活气息。

在"五四"一代新诗人中，鲁迅毫无疑问是一位重要人物，他以"唐俟"为笔名在《新青年》四卷五号集中发表三首新诗作，展现了白话文入诗的成功：

梦

很多的梦，乘黄昏起哄。

前梦才挤却大前梦，后梦又赶走了前梦。

---

① 《新青年》四卷五号，1918 年 5 月 15 日。

去的前梦黑如墨，在的后梦墨一般黑；

去的在的仿佛都说："看我真好颜色。"

颜色许好，暗里不知；

而且不知道，说话的是谁？

暗里不知，身热头痛。

你来你来，明白的梦。

爱之神

一个小娃子，展开翅子在空中，

一手搭箭，一手张弓，

不知怎么一下，一箭射着前胸。

"小娃子先生，谢你胡乱栽培！

但你得告诉我：我应该爱谁？"

娃子着慌，摇头说："唉！

你是还有心胸的人，竟也说这宗话。

你应该爱谁，我怎么知道。

总之我的箭是放过了！

你要是爱谁，便没命的去爱他；

你要是谁也不爱，也可以没命的去自己死掉。"

桃花

春雨过了，太阳又很好，随便走到园中。

桃花开在园西，李花开在园东。

我说，"好极了！桃花红，李花白。"

（没说，桃花不及李花白。）

桃花可是生了气，满面涨作"杨妃红"。

好小子！真了得！竟能气红了面孔。

我的话可并没得罪你，你怎的便涨红了面孔！

唉！花有花道理。我不懂。

　　在《新青年》五卷一号，鲁迅又以"唐俟"为笔名发表两首诗作：

　　　他们的花园

　　　小娃子，卷螺发，

　　　银黄面庞上还有微红，——看他意思是正要活。

　　　走出破大门，望见邻家：

　　　他们大花园里，有许多好花。

　　　用尽小心机，得了一朵百合；

　　　又白又光明，像才下的雪。

　　　好生拿了回家，映着面庞，分外添出血色。

　　　苍蝇绕花飞鸣，乱在一屋子里——

　　　"偏爱这不干净花，是胡涂孩子！"

　　　忙看百合花，却已有几点蝇矢。

　　　看不得；舍不得。

　　　瞪眼望天空，他更无话可说。

　　　说不出话，想起邻家：

　　　他们大花园里，有许多好花。

人与时

一人说，将来胜过现在。

一人说，现在远不及从前。

一人说，什么？

时道，你们都侮辱我的现在。

从前好的，自己回去。

将来好的，跟我前去。

这说什么的，

我不和你说什么。

很显然，鲁迅的诗，除了表达向往自由外，似乎还想表达某种哲理或意识，于是难免有时显得僵硬，有点不像诗。不过，鲁迅的诗也证明了白话文可以用作说理、议论，他又用白话文写作小说及杂文，且达到了一个非常高的水平。

与鲁迅稍有不同，他的弟弟周作人的新诗创作更多强调艺术的美，不似鲁迅更多强调艺术的真，所以在新诗实践的层面上，鲁迅的诗作达到某种程度的崇高的"深"，而不似周作人的诗作在某种程度上达到和谐的"善"。

在《新青年》六卷二号，周作人的长诗《小河》发表，并破天荒地被列为该号首篇。周作人在题记中说："有人问，我这诗是什么体，连自己也回答不出。法国波特来尔（Baudelaire）提倡起来的散文诗，略略相像，不过他是用散文格式，现在却一行一行的分写了。内容大致仿那欧洲的俗歌；俗歌本来最要叶韵，现在却无韵。或者算不得诗，也未可知；但这是没有什么关系。"

小河

一条小河，稳稳的向前流动。

经过的地方，两面全是乌黑的土，

生满了红的花，碧绿的叶，黄的实。

一个农夫背了锄来，在小河中间筑起一道堰。

下流干了，上流的水被堰拦着，下来不得：

不得前进，又不能退回，水只在堰前乱转。

水要保他的生命，总须流动，便只在堰前乱转。

堰下的土，逐渐淘去，成了深潭。

水也不怨这堰——便只是想流动，

想同从前一般，稳稳的向前流动，

一日农夫又来，土堰外筑起一道石堰。

土堰坍了，水冲着坚固的石堰，还只是乱转。

堰外田里的稻，听着水声，皱眉说道——

"我是一株稻，是一株可怜的小草，

我喜欢水来润泽我，

却怕他在我身上流过。

小河的水是我的好朋友，

他曾经稳稳的流过我面前，

我对他点头，他向我微笑。

我愿他能够放出了石堰，

仍然稳稳的流着，

向我们微笑；

曲曲折折的尽量向前流着，

经过的两面地方，都变成一片锦绣。

他本是我的好朋友，——

只怕他如今不认识我了；

他在地底里呻吟，

听去虽然微细，却又如何可怕！

这不像我朋友平日的声音，

——被轻风挽着走上河滩来时，

快活的声音。

我只怕他这回出来的时候，

不认识从前的朋友了，

便在我身上大踏步过去：

我所以正在这里忧虑。"

田边的桑树，也摇头说，——

"我生的高，能望见那小河，——

他是我的好朋友，

他送清水给我喝，

使我能生肥绿的叶，紫红的桑葚。——

他从前清澈的颜色，

现在变了青黑，

又是终年挣扎，脸上添出许多痉挛的皱纹。

他只向下钻，早没工夫对了我的点头微笑。

堰下的潭，深过了我的根了。

我生在小河旁边，

夏天晒不枯我的枝条，

冬天冻不坏我的根。

如今只怕我的好朋友，

将我带倒在沙滩上，

拌着他卷来的水草。

我可怜我的好朋友，

但实在也为我自己着急。"

田里的草和虾蟆，听了两个的话，

也都叹气，各有他们自己的心事。

水只在堰前乱转，

坚固的石堰，还是一毫不摇动。

筑堰的人，不知到哪里去了？

周作人的这首《小河》以散文化的形式和口语化的表达技巧，描摹和表达了生命的原始动力，"小河"俨然成为万事万物生长的共同能源，诗中表露着作者对个性自由的追求，对个性本能欲望的尊崇。《小河》实现了白话新诗对传统诗歌在形式上的突破和超越，不再追求旧诗词对格律韵脚的讲究，而是以散文化的形式，以具象去表达复杂的意象、情感，以拟人化的手法化情入景，表达更为深刻的思想内容。所以这首长诗在文学史上获得高度赞美。胡适称它是新诗中的第一首杰作，以为那样细密的观察，那样曲折的理想，决不是旧体诗所能够表达出来的，由此证明了白话诗的价值与意义。朱自清认为这首长诗全然摆脱了旧体诗词的镣铐，奠定和开创了白话新诗的历史地位和美学风格。

在《新青年》六卷三号，周作人又一鼓作气发表了《两个扫雪的人》《微明》《路上所见》《北风》四首新诗，这样他便确立了在五四新文化运动中的地位，他也由此成为现代中国白话诗的重要开拓者之一。

与周作人同时的新诗人还有朱自清、康白情等人。朱自清（1898—1948），原名自华，字佩弦，号秋实，后因家境不好，为提醒激励自己不同流合污，改名自清。原籍浙江绍兴，六岁随父迁居江苏扬州。1916年秋中学毕业后考入北京大学预科，翌年夏跳级投考北大本科，遂被录取至文科哲学门，与陈公博、康白情、谭平山等同班上课。课余喜读《新青年》等出版物，受新思想新文化影响颇深。1918年秋，长子出生，翌年初受室友《西妇抚儿图》触动，作新诗《睡吧，小小的人》：

"睡吧，小小的人。"
明明的月照着，
微微的风吹着——
一阵阵花香，
睡魔和我们靠着。
"睡吧，小小的人。"
你满头的金发蓬蓬地覆着，
你碧绿的双瞳微微地露着，
你呼吸着生命的呼吸。
呀，你浸在月光里了，
光明的孩子，——爱之神！
"睡吧，小小的人。"
夜底光，
花底香，
母底爱，
稳稳地笼罩着你。

你静静地躺在自然底摇篮里，

什么恶魔敢来扰你！

"睡吧，小小的人。"

我们睡吧，

睡在上帝的怀里：

他张开慈爱的两臂，

搂着我们；

他光明的唇，

吻着我们；

我们安心睡吧，

睡在他的怀里。

"睡吧，小小的人。"

明明的月照着，

微微的风吹着——

一阵阵花香，

睡魔和我们靠着。[1]

这首诗充分表达了作者对新生命的关爱和祝福，对未来的向往，对新生活的期待，对光明的渴望。作者的真情实感在平易的叙述、简约的文字、口语化的表达中流露出来，有一种朴素、亲切、娓娓道来的感觉。

至于康白情（1896—1945），更是五四时代的天才诗人。在陈独秀和《新青年》的影响下，康白情与他的同学傅斯年、罗家

---

[1] 余捷（朱自清）：《睡吧，小小的人》，《时事新报》1919 年 12 月 11 日"学灯"。

伦、毛子水等一起反对旧文化，提倡新文化，组织"新潮社"，创作白话诗，极负盛名。他已经不再像他的老师辈那样尝试着用现代白话文去写诗，而是将白话文作为一种当然的工具，所以他的诗不似先前一些尝试者那样带有旧体诗或民间歌谣的浓厚痕迹，而是典型的"诗人诗"，洋溢着诗人的气质，飘洒着诗人的气息，是真正意义上的白话诗，深刻影响了他的四川老乡郭沫若。

康白情"五四"时期的诗作主要发表在《新潮》杂志上，在某种程度上可以说是"新潮诗人""北大诗人"。他的《雪后》写道：

雪后北河沿的晚上，没有轧轧的车声，呖呖的歌声，哑哑的鸟声，……

也没有第二个人在那里走路。

雪压的石桥，雪铺的河面，雪花零乱的河沿，——

一片莹光，——衬出那黑影迷离的两行稀树。

远天接地，弥望模糊。

隔岸长垣如带，露出了垣外遮不尽的林梢；

更缀上断断续续的残灯，——看到灯穷，知是长垣尽处。

兀的不是一幅画图！

人在画中行，

还把格呀格的脚声，偷闲暗数，——

一步！……两步！……三步！……

怎么？好像不是走在这里样呢？

溜来欲滑，踩去还酥，——

记取绒绒春早江南路。

　　忽见有淡淡的影儿，

　　才知道中天月色如许。①

　　康白情在诗中对白话的运用轻松自如，已经完全摆脱了旧体诗词和民间俗语歌谣的束缚，而且文字也变得比较典雅，比较诗意，不再像他的老师辈如胡适的白话诗那样显得直白无趣，而是有一种回味。

　　总而言之，"建设的文学革命论"经过短短几年的试验，取得了丰硕成果。白话文既然可以成功地写诗，那么梅光迪、任鸿隽当年的忧虑即可消除，林纾保卫古文保卫文言的理由就根本不能成立。

　　"文学革命"以及由此引发的白话文运动，是20世纪中国最伟大的事件之一。它不仅是中国文学载体的革命，文学形式的解放，而且是中国文化基本范式、中国人的思维习惯乃至日常生活习惯的根本革命。正是因为如此，胡适的主张便不能不引起一些争论乃至反对。其中反对最力者，先有胡适的留美同学梅光迪、任鸿隽，后有著名文学翻译家林纾以及被称为"怪杰"的辜鸿铭，再有北大教授刘师培、黄侃、林损及马叙伦，还有著名学者章士钊以及在现代中国颇负盛名的杂志《学衡》派的一班人，如吴宓、胡先骕等。只是由于文学革命和白话文运动毕竟代表着历史前进的方向，因此这些反对并不能扭转局势。不过，必须指出的是，当时间过了快一个世纪之后，反对者的言论也值得重新检视。

_____

　　① 《新潮》一卷三号，1919年3月1日。

林纾的反对，我们在前面曾经提及。他在胡适的《文学改良刍议》发表后最先敏感地意识到这个问题的严重性，但他似乎还没有想好反对的理由，所以他说他知道古文不应当被废除，但是说不出详细的理由。他的这个还算诚实的态度遭到胡适、陈独秀等人的奚落，于是他的看法就没有受到应有的重视。

林纾（1852—1924），字琴南，号畏庐，福建闽县（今福州）人。光绪八年举人，以用文言翻译外国名家小说见称于世。林纾是中国传统学术文化的忠实信徒，崇尚程朱理学。但也不是盲目信从，对于理学迂腐虚伪之处，也能有清醒的意识，嘲笑"理学之人宗程朱，堂堂气节诛教徒。兵船一至理学慑，文移词语多模糊"，揭露"宋儒嗜两庑之冷肉，凝拘挛曲局其身，尽日作礼容，虽心中私念美女颜色，亦不敢少动"。这些揭露当然属于理学的负面，所以他身体力行，维护礼教，试图恢复儒学正宗。他指责近代以来由于西方思想的影响，世风日下，人心不古，人们纵情于声色，欲废黜三纲，夷君臣，平父子，广其自由之途辙。在林纾看来，这实际上与虚伪的理学家、道学家走的是同一条道路，是对传统的颠覆，是对儒家真思想的破坏。

在文学观念上，林纾推崇桐城派，以义法为核心，奉左丘明、司马迁、班固、韩愈等人的文章为天下楷模，认为最值得效法，强调取义于经，取材于史，多读儒书，留心天下之事，如此，文字所出，自有不可磨灭之光气。当然，对于桐城派的问题，林纾也有认识，因此并不主张墨守成规，一味保守，而是主张守法度，但是要有高出法度的眼光，循法度，但是要有超出法度之外的道力。

在戊戌变法的前一年，林纾仿白居易讽喻诗，写了《闽中新乐府》三十二首，率多抨击时弊之作，它们不仅表明他在政治上属于维新势力，而且体现了他在文学表现手法上的创新及对民间文学因素的吸取。在人人争撤古文之席，而代之以白话之际，林纾也在朋友林白水等人创办的《杭州白话报》上开辟专栏，作"白话道情"，风行一时。很显然，林纾早在19世纪末就是文学改革者，他承认旧的白话小说具有一定的文学价值，他只是温和地反对普及白话文，认为如果人们不能大量阅读古典文学作品，吸取古典文学营养，就不能写好白话文。

所以，当胡适文学改良的主张发表后，林纾似乎本着自己的良知比较友好地提出了一些建设性的意见，表示在提倡白话文的同时，不要刻意将文言文彻底消灭掉。在某种程度上说，林纾的主张与梅光迪、任鸿隽等人相似，就是在向大多数民众提倡白话文，倡导读书人尽量用白话文写作的同时，也应该为文言文留下一定的生存空间，至少使中国文化的这一重要载体不致在他们那一代人失传。

林纾的这个意见，仔细想来似乎也很有道理。即便到了今天白话文已经成为文学的主体时，我们依然会觉得古文魅力无穷，是现代语言的智慧资源。然而当时的一边倒特别是陈独秀不容商量的态度，极大挫伤了林纾的感情。1917年年初，钱玄同出面支持胡适的文学改良建议，原本是一件大好事，但钱玄同的好斗性格使他不忘顺带攻击桐城派等旧文学，并提出什么"选学妖孽，桐城谬种"等蛊惑人心的概念，这就不是简单的学术论争，而带有一定的人身攻击的意味。

尽管如此，林纾在此后很长一段时间并没有刻意反对白话文运动和文学革命，甚至到了1919年3月，他依然为《公言报》开辟"劝世白话新乐府"专栏，相继发表《母送儿》《日本江司令》

《白话道情》等，俨然为白话文运动中的一员开路先锋。

林纾其实是新文化运动中的右翼，他有心变革中国的旧文学，但又不主张将旧文学彻底放弃。他1917年写的《论古文之不宜废》反复强调古文对现代语言的资源价值。至1919年作《论古文白话之相消长》一文，依然论证古文白话并行不悖的道理，强调废古文用白话，正不知何谓古文，古文白话自古以来相辅相成，所谓古文者，其实就是白话的根柢，没有古文根柢，就不可能写出好的白话，能读书阅世，方能为文，如以虚枵之身，不特不能为古文，亦不能为白话。林纾的这些意见如果能够被听进一点点，中国文学改良或许将是另外一种情形。

从林纾的政治、文学观念看，很难说他就是一位极端保守的守旧主义者，他似乎只是主张在追求进步的同时，不要过于激进。林纾的态度是谦和的，他不过说古文文学作品也自有其价值，不应被革弃，而应当像西方的拉丁文那样得以保存。"古文者白话之根柢，无古文安有白话？"[①] 这个判断在很大程度上说确实是对的，但在那时根本没有人给予重视。

林纾只是友善地表达了自己的一点不同看法，然而在当时的文化氛围中，这一点点不同看法也不能被容忍。1918年3月，钱玄同和刘半农在《新青年》四卷三号合演了一出轰动一时的双簧戏：由钱玄同模仿所谓守旧者的口吻和笔调，化名王敬轩写了一篇攻击新文化运动的信，其中故意推崇林纾的翻译和古文。由刘半农以《新青年》记者的身份作《复王敬轩书》，以调侃的口气点

---

① 林纾：《论古文白话之相消长》，《中国新文学大系·文学论争集》，80页，上海良友图书公司，1935年。

名批评林纾，以为林译西方文学名著，如果以看"闲书"的眼光去看，亦尚在不必攻击之列；然而如果要用文学的眼光去评论，那就要说句老实话，即便林译名著由"无虑百种"进而为"无虑千种"，也还是半点儿文学味也没有。这种完全否定式的批评，显然已经超出一般的文学批评范畴，而带有蓄意攻击的意味了。这就不能不使林纾感到愤怒，感到痛苦，他自认为是新文学的同盟，却被新文学中的人物视为守旧，视为反动，于是他只能站出来辩论和说明，兼带着，也就有睚眦必报的意味了。

1919年2月17日，林纾在《新申报》为他特设的《蠡叟丛谈》专栏发表小说《荆生》，写"皖人田其美""浙人金心异"和"新归自美洲"的"狄莫"三人同游京师陶然亭。他们力主去孔子、灭伦常和废文字，"以白话行之"，激怒了住在陶然亭西厢的"伟丈夫"荆生。荆生破壁而入，怒斥三人：中国四千余年以纲纪立国，汝何为坏之？于是伟丈夫出手痛打皖人田其美等一顿，三人抱头鼠窜，狼狈而逃。

这里的皖人田其美，显然是指陈独秀，田与陈本一家，这是中国史的常识，又美与秀对举；浙人金心异显然是指钱玄同，钱为金，同对异；新归自美洲的狄莫当然指新近留学归来的胡适，胡为汉人对周边族群的称呼，与狄类似，带有某种程度的歧视。至于伟丈夫荆生，或以为是段祺瑞的重要助手徐树铮，或以为是练过武功的作者本人，或以为是林纾心目中卫道者的化身，是理想化的英雄。

《荆生》的发表应该使林纾出了一口鸟气，但他似乎也有点得寸进尺，得理不饶人。紧接着，林纾又在《新申报》上发表第二篇影射小说《妖梦》。说一个叫郑思康的人梦游阴曹地府，见到一所白话学堂，门外大书楹联一副：

> 白话通神，《红楼梦》《水浒》真不可思议；
> 古文讨厌，欧阳修韩愈是什么东西。

学堂里还有一间"毙孔堂"，堂前也有一副楹联：

> 禽兽真自由，要这伦常何用？
> 仁义太坏事，须从根本打消。

学堂内有三个"鬼中之杰出者"：校长叫"元绪"，显然影射蔡元培；教务长叫"田恒"，显然影射陈独秀；副教务长叫"秦二世"，显然影射胡适之。

对于这"鬼中三杰"，作者痛恨无比，骂得粗俗刻薄无聊。小说结尾处，作者让阴曹地府中的"阿修罗王"出场，将白话学堂中的这些"无五伦之禽兽"通通吃掉，化之为粪，宜矣。这显然是一种非常拙劣的影射和比附，有失一个读书人、写书人的基本风度。

协助林纾发表这两篇小说的是北大学生张厚载。张厚载即张谬子，笔名聊止、聊公等。生于1895年，江苏青浦人。时在北京大学法科政治系读书，1918年在《新青年》上与胡适、钱玄同、傅斯年、刘半农等北大教授就旧戏评价问题展开争论后，为胡、钱等师长所不喜。所以他后来似乎有意动员、介绍他在五城中学堂读书时的老师林纾创作影射小说，丑诋胡适、钱玄同、陈独秀、蔡元培。

或许是张厚载的撺掇，使年近古稀的林纾接连写了这两部发发牢骚的影射小说。不巧的是，当林纾将第二篇小说《妖梦》交给张厚载寄往上海之后，他就收到了蔡元培的一封信，说是有一个叫赵体孟的人想出版明遗老刘应秋的遗著，拜托自己介绍梁启超、章太炎、严复及林纾等学术名家题辞。

　　蔡元培无意中的好意感动了林纾，他们原本就是熟人，只是多年来不曾联系而已。林纾觉得自己写作影射蔡元培的小说，似乎有点不好，所以他一方面嘱咐张厚载无论如何也要将《妖梦》一稿追回，①另一方面致信蔡元培，坦言自己对新文化运动的若干看法。他认为，大学为全国师表，五常之所系属，最近外间谣言纷集，这大概与所谓新思想的传播有关。晚清以来，人们恒信去科举，停资格，废八股，复天足，逐满人，扑专制，整军备，则中国必强。现在民国将十年，上述期待都成为现实，然而国未强民未富，反而越来越乱问题越来越多。现在所谓的新思想更进一解，必覆孔孟、铲伦常为快。其实，西方国家虽然没有像中国过去那样崇奉伦常，但伦理观念也不是现在所谓新思想所说的那样简单。他指出："天下唯有真学术、真道德，始足以独树一帜，使人景从。若尽废古书，行用土语为文字，则都下引车卖浆之徒所操之语，按之皆有文法，凡京津之稗贩，均可用为教授。若云《水浒》《红楼》皆白话之圣，并足为教科书，不知《水浒》中辞吻多采岳珂之《金佗粹编》，《红楼》亦不止为一人手笔，作者均博极群书之人。总之，非读破万卷，不能为古文，亦并不能为白

　　①　张厚载迅即致信蔡元培，表示稿已寄至上海，殊难中止。见《蔡元培书信集》上，398页，杭州：浙江教育出版社，2000年。

话。"这是林纾关于文言白话的基本意见。

林纾又对当时所谓新道德斥父母为自感情欲、于己无恩的说法予以批评，以为当时学术界一些新秀故为惊人之论，诸如表彰武则天为圣王，卓文君为名媛，尊严嵩为忠臣等，其实都是在拾古人余唾，标新立异，扰乱思想。他认为，大凡为士林表率，须圆通广大，据中而立，方能率由无弊。若凭借自己在知识界的地位势力而施趋怪走奇之教育，则是非常危险的。很显然，林纾尽管没有直接批评蔡元培对新思想新道德的支持与纵容，但至少奉劝蔡元培善待全国父老之重托，以守常为是。①

《妖梦》小说没有被追回，而林纾致蔡元培的这封信又被《公言报》于 1919 年 3 月 18 日公开发表。《公言报》为安福系的机关报，专以反对新思想、新文化，反对北京大学为能事，因此林纾原本可以与蔡元培等人达成某种妥协，却因种种机缘巧合而丧失了机会。

蔡元培收到张厚载具有挑衅性的来信后似乎非常愤怒，指责张厚载为何不知爱护本校声誉，爱护林纾。②他看到林纾的公开信后，更一反温文尔雅忠厚长者的形象，勃然大怒，公开示复，就林纾攻击北京大学，指责陈独秀、胡适等人所谓废弃旧道德、毁斥伦常、诋排孔孟等言论有所回应。

就事实而言，蔡元培分三点解释辩白北大并没有林纾所说的覆孔孟、铲伦常、尽废古书这三项情事，外间传言并无根据。借此机会，蔡元培公开重申他办教育的两大主张：

---

① 《林琴南致蔡元培函》,《蔡元培书信集》上，391 页。
② 《复张厚载函》,《蔡元培书信集》上，398 页。

一、对于学说，仿世界各大学通例，循思想自由原则，取兼容并包主义。无论何种学派，苟其言之成理，持之有故，尚不达自然淘汰之运命者，虽彼此相反，而悉听其自由发展。

二、对于教员，以学诣为主。其在校讲授，以无背于思想自由、兼容并包主张为界限。其在校外的言论行动，悉听自由，学校从不过问，当然也就不能代其负责。比如帝制复辟的主张，为民国所排斥，但本校教员中照样有拖着长辫子而持复辟论者如辜鸿铭，以其所授为英国文学，与政治无涉，所以也就没有人管他；再如筹安会的发起人，被清议指为罪人，然而在北大教员中就有刘师培，只是他所讲授的课程为中国古代文学，亦与政治无涉，所以也就没有必要由学校过问；至于嫖、赌、娶妾等事，为北大进德会所戒，教员中有喜作侧艳之诗词，以纳妾、狎妓为韵事，以赌为消遣者，苟其功课不荒，并不引诱学生与之一起堕落，则亦听之。夫人才至为难得，若求全责备，则学校就没有办法办下去。且公私之间，自有天然界限。即便如您老琴南公，亦曾译有《茶花女》《迦茵小传》《红礁画桨录》等小说，而亦曾在各学校讲授古文及伦理学，假使有人批评您老以此等小说体裁讲文学，以狎妓、奸通、争有夫之妇讲伦理学，难道不觉得好笑吗？然则革新一派，即或偶有过激之论，但只要与学校课程没有多大关系，何必强以其责任尽归之于学校呢？ [①]

蔡元培的解释或许有道理，但在林纾看来，自己之所以公开致信蔡元培，实际上并不是指责蔡元培管理不力，而是期望他能够利用自己的背景特别是与那些年轻激进分子的特殊关系，方

---

① 《致〈公言报〉函并附答林琴南君函》，《蔡元培书信集》上，388 页。

便的时候稍作提醒，不要让他们毫无顾忌地鼓吹过激之论，对于传统，对于文学，还是持适度的保守态度比较好。他在写完致蔡元培公开信的第二天，就在一篇小文章中表露过自己的这点心迹，他表示自己多年来翻译西方小说百余种，从没有鼓吹弃置父母、斥父母为无恩之言。而现在那些年轻一辈何以一定要与我为敌呢？我林纾和他们这些年轻人无冤无仇，寸心天日可表。如果说要争名的话，我林纾的名气亦略为海内所知；如果说争利，则我林纾卖文鬻画，本可自活，与他们并没有什么关联，更没有利害冲突。我林纾年近古稀，而此辈不过三十。年岁如此悬殊，我即老悖癫狂，亦不至偏衷狭量至此。而况并无仇怨，何必苦苦追随？盖所争者天理，非闲气也。林纾似乎清醒地知道，他与胡适、陈独秀这些年轻人发生冲突，对自己并没有多少好处，肯定会招致一些人的攻击谩骂，但因为事关大是大非，他也不好放弃自己的原则听之任之。林纾决心与新文化的倡导者们周旋到底。

然而林纾为道义献身的想法并不被新知识分子圈所认同，当他的《荆生》《妖梦》及致蔡元培公开信发表之后，立即引起新知识分子圈的集体反对。李大钊说："我正告那些顽旧鬼祟，抱着腐败思想的人：你们应该本着你们所信的道理，光明磊落的出来同这新派思想家辩驳、讨论。公众比一个人的聪明质量广、方面多，总可以判断出来谁是谁非。你们若是对于公众失败，那就当真要有个自觉才是。若是公众袒右你们，哪个能够推倒你们？你们若是不知道这个道理，总是隐在人家的背后，想抱着那位伟丈夫的大腿，拿强暴的势力压倒你们所反对的人，替你们出出气，或是作篇鬼话妄想的小说快快口，造段谣言宽宽心，那真是极无聊的举动。须知中国今日如果有真正觉醒的青年，断不怕你们那伟丈夫的摧残；你们的伟丈夫，也断不能摧残这些青年的精神。当年俄罗斯的暴虐政府，也不知用尽多少残忍的心性，杀戮多少青年的志士，哪知道这些青年牺牲的血，都是培植革命自由花的肥料；那些暗沉沉的监狱，都是这些青年运动奔劳的休息所；那暴横政府的压制却为他们增加一层革命的新趣味。直到今日这样滔滔滚滚的新潮，一决不可复遏，不知道那些当年摧残青年、压制思想的伟丈夫哪里去了。我很盼望我们中国真正的新思想家或旧思想家，对于这种事实，都有一种觉悟。"[1]鲁迅也在一篇杂文中抓住林纾自称"清室举人"却又在中华民国维护纲常名教的矛盾大加嘲讽，敬告林纾您老既然不是敝国的人，以后就不要再干涉敝国的事情了吧。[2]《每周评论》第十二号转载《荆生》全文，第十三号又组织文章对《荆生》逐段点评批判，并同时刊发"特别附录"《对于新旧思潮的舆论》，摘发北京、上海、四川等地十余家报纸谴责林纾的文章。

　　巨大的压力，来势凶猛的批评，终于使林纾顶不住了，这位自称有"顽皮憨力"的"老廉颇"终于感到力不从心，寡不敌众，终于公开在报纸上认错道歉，承认自己在这一系列问题上处理失当，有过错。他在回复蔡元培的信中说："弟辞大学九年矣，然甚盼大学之得人。公来主持甚善，顾比年以来，恶声盈耳，至使人难忍，因于答书中孟浪进言。至于传闻失实，弟拾以为言，不无过听，幸公恕之。然尚有关白者：弟近著《蠡叟丛谈》，近亦编白话新乐府，专以抨击人之有禽兽行者，与大学讲师无涉，公不必

　① 《新旧思潮之激战》，《每周评论》十二号，1919 年 3 月 9 日。
　② 庚言：《敬告遗老》，《每周评论》十五号，1919 年 3 月 30 日。

怀疑。"在承认自己孟浪进言的同时，也表示自己对于那些"叛圣逆伦"的言论，依然会拼我残年，竭力卫道，必使反舌无声，瘝狗不吠然后已。[①]

不过，没过多久，林纾的态度差不多根本改变。他在致包世杰书中显得痛心疾首，表示承君自《神州日报》中指摘我的短处，且责老朽之不慎于论说，中有过激骂詈之言，吾知过矣。当敬听尊谕，以平和出之，不复谩骂。[②] 只是在文言白话之争问题上，林纾的态度似乎变化不大，依然坚信文言白话并行不悖，各有优点，不必一味使用白话而舍弃文言：故冬烘先生言字须有根柢，即谓古文者白话之根柢，无古文安有白话？近人创白话一门自炫其特见，不知林白水、汪叔明固已较各位捷足先登。即如《红楼梦》一书，口吻之犀利，文字之讲究，恐怕都不是只懂白话不懂文言者所能成就。须知贾母之言趣而得要，凤姐之言辣而有权，宝钗之言驯而含伪，黛玉之言酸而带刻，探春之言言简而理当，袭人之言贴而藏奸，晴雯之言憨而无理，赵姨娘之言言贱而多怨，唯宝玉之言纯出天真。可见《红楼梦》作者守住定盘针，四面八方眼力都到，才能随地熨帖，今使尽以白话道之，恐怕就很难有这样的效果。[③] 所以，真正优秀的文学作品固然应该以白话为主体，但根据人物性格、文化氛围，适度使用一些文言，可能比纯粹使用大白话还要好一些。

林纾"适度保守的文学改良"主张在当时并没有获得应有的

---

① 《林琴南再答蔡孑民书》，《新申报》1919 年 3 月 30 日。

② 《林琴南先生致包世杰君书》，《新申报》1919 年 4 月 5 日。

③ 《论古文白话之相消长》，《中国新文学大系·文学论争集》，81 页。

尊重，尤其是没有得到新文学倡导者的重视，自然非常遗憾。好在这个讨论并没有结束，只是由于政治环境的变化，暂时转变了方向。

新文化史在中国
——过去、现在与未来

据在一线从事研究的年轻朋友说，新文化史不仅在西方史学界方兴未艾，成果辉煌，即便在中国，经过短短三四十年发展，也已成为史学界令人瞩目的新兴学科，取得了一批具有示范意义的成果。这当然是学术界的喜讯。想起三十多年前"史学危机"的哀鸣，真有三十年河东、三十年河西的梦幻感。

什么是"旧文化史"

差不多四十年前，1983年，我从安徽大学历史系考入复旦大学历史系读研究生，导师为方行、朱维铮。方行先生是新四军老革命，文化人，1949年之后长期负责上海文化工作；朱维铮先生此时还没有解决职称问题，因而请方先生挂名，实际指导都是朱先生。我报考的专业为专门史，研究方向为"中国文化史"。据说，这是 1949 年之后，可能也是中国历史上第一次以"文化史"的名义招生。这是我与文化史结缘之始。尽管是"第一次"，但从新文化史立场看，我所学的文化史，肯定属于"旧文化史"，或"旧的"文化史。

安徽大学由于条件制约，与外界交往不多。我在安徽大学历史系，基本上就是按照旧的学科体制、学科分类一本一本地读书。封闭的好处，是心无旁骛，有机会潜心阅读。在那短短四年，我有计划地读完了后来从事中国思想文化史研究所必备的基本书目。读书之外，又到哲学系听中西哲学史，到中文系听中国文学史的课程。我们那时候，根本不知道会有一门课叫文化史，更不知道后来还会有"新文化史"。

到复旦大学就不一样了。朱维铮老师上来就告诉我，1949 年之后，中国就再也没有以"文化史"命名的书或课。现在是百废待兴，文化史一定会在不太长的时间里成为一门显学。

事实也确实如此。我在复旦那几年，朱维铮老师和学术界同仁合作，召开中国文化史研究座谈会、"中国传统文化再估计"国际研讨会；与中国社会科学院近代史所专家合作编辑《中国文化研究集刊》，交复旦大学出版社出版；与国内外学术领袖合作，雄心勃勃地仿照王云五，编辑《中国文化史丛书》，交上海人民出版社出版，并很快就出版了余英时的《士与中国文化》，葛兆光的《禅宗与中国文化》，周振鹤、游汝杰的《方言与中国文化》等。这些不仅构成 20 世纪 80 年代中国学术短暂繁荣的一个重要组成部分，而且用事实表明中国文化史研究在一个并不太长的时间里确实获得了复苏，文化史成为一门显学，看来也是指日可待。

三年的研究生生活很快就结束了。我毕业后分到中国社会科学院近代史所文化史研究室，专业对口，所学正所用，非常难得。此时的文化史研究室主任为丁守和教授。丁先生也是20世纪80年代文化史起步的创建者之一，因而我也就追随丁先生进行一些比较广义的文化史研究。此时的文化史还没有分出新与旧，大家就是在文化史的名目下工作。那几年，追随丁先生编写过《中华文化大辞典》《中国现代文化丛书》，参与主办过几次大型国际学术研讨会，顺势成立了"中国现代文化学会"，试图借此推动中国文化特别是现代文化的研究。

进入20世纪90年代，丁先生从研究室主任职务上卸任，刘志琴先生接替。刘老师是我的导师朱维铮老师的同班同学，也是20世纪80年代文化史研究的弄潮儿之一。刘老师的学术敏锐是非常突出的，她在那时非常及时地向学术界介绍新文化史研究，提倡、鼓励从事新文化史研究。刘老师将新文化史研究规范为"社会文化史"，这个概念虽说一直不太被一些人理解，其实相当准确地描述了新文化史的概念、范畴和意义。

根据新近三十年自域外传来的定义，所谓新文化史，其实就是一种新的研究方法和研究视角，是将社会的和文化的历史作为一个整体来看待，去研究，因而被称为新文化史，或被称为"社会文化史"。据说，随着时间的推移和成果积累，以社会文化史为主要内容的新文化史研究已经受到学术界普遍关注与认可，是一门可以独立发展的新兴学科。

回望过去四十年，我不自觉地介入了从"旧文化史"到"新文化史"的全部过程，我不知道自己的研究究竟属于新，还是属于旧，但我还是想说说新旧文化史的转换，以及我对新文化史的看法。

当 20 世纪 80 年代我们刚刚恢复对中国文化史的研究时，毫无疑问，我们那时所说的文化史是旧的文化史。旧的文化史强调大文化的分门别类，强调文化的拼盘或多学科组合。记得在 20 世纪 80 年代和稍后出版的几种中国文化史，大致都在因袭老一代历史学家诸如柳诒徵、吕思勉等在 1949 年之前的思路，在时间上贯通古今，在门类上触及典章制度、思想学说、宗教习俗、风土人情、文学艺术。比较考究或理论素养比较高一点的作者在这些内容之外增加一个导言，解释一下什么是文化史，文化史的研究对象是什么，中国文化的地理环境、形成机制，中外文化交流，外国文化对中国文化发展的影响等。按照这个思路写作且比较优秀的作品，现在还能记住的有冯天瑜、何晓明、周积明合著的《中华文化史》，阴法鲁等人的《中国古代文化史》等寥寥几种。这些作品显然都属于"旧文化史"或"旧的文化史"范畴。

这些以"文化史"命名的作品给 20 世纪 80 年代的中国知识界全新的感觉，毕竟很多年大"革"文化的命，文化好像都成了有害的东西，现在重提文化史的研究，政治上的立意当然有对"以阶级斗争为纲"的反感与超越，从研究内容或研究视角上说，也确实让大家耳目一新，不再像以阶级斗争为纲的政治史那样枯燥乏味。我们那个时候也用大量时间去阅读一般学术史、思想史之外的东西，尤其是艺术门类中的戏剧史、舞蹈史、音乐史等，不管懂不懂。研究一般文化史的年轻一代都觉得应该这样做，应该了解这些学问。前面提及的《中国文化史丛书》，朱维铮、庞朴等先生当时的设计就有《士与中国文化》《禅宗与中国文化》《方言与中国文化》《道教与中国文化》《佛教与中国文化》《园林与中国文化》《雕塑与中国文化》等。那时有一个调侃的说法是："文化是个筐，什么都能装。"如果按照这个趋势发展下去，中国文化史的研究，实际上还是各个既有学科的拼盘，即便稍具理论色彩的《中国文化史导论》，也不过是对各个既有学科的综述，中国文化史由此成为一门独立的学科，似乎根本不可能。

什么是新文化史

或许是因为"旧文化史"没有办法真正从文化的视角发现问题、解决问题，因而稍后有"社会文化史"或"新文化史"的兴起。从学术传承的内在理路说，新文化史肯定是接续旧文化史而来，其问题视角、解决问题的思路，显然也都是对"旧文化史"或"旧的文化史"的批判性反省，是"后现代思潮"对"现代化思潮"批判性的反省与重构。

在后现代理论影响下，新文化史批判性地回望传统文化史研究的问题与困境，以为传统的文化史研究只是根据文本进行研究而得到结果，而不知道、不注意文本本身的形成过程。在新文化史家看来，过程比结果重要，过程比结果更精彩，因而新文化史借用后现代理论框架和分析模式，包括相关的语言，以再现、文化、实践、相对性、叙事、微观等，作为最常用的语言要素。

根据新文化史家的分析，旧的文化史只是对最终事实的研究，即对已经成为事实的唯一可能性的研究。对于思想家或学术型人物而言，这个最终事实就是思考的文本化成果。新文化史所强调的过程研究，更多地强调对文本化结果的探索，强调思考过程的研究。换言之，新文化史不满足于看到最终事实，而要通过对过程的分析，探究事物发展演变的多种可能性。相对于旧的、传统的文化史研究，新文化史比较彻底地改变了提问方式，不再以追究事实真相为历史研究的唯一目的，而是通过对历史过程的分析归纳，联想起一切能够联想起来的物、事，重建过程，而不是揭示结果。

新文化史与传统历史学研究的另外一个重要不同，是对历史学使命感的消解。新文化史通过语言学转向，强调历史学的叙事意义和功能，而不是像过往那样强调探求历史意义、经验和教训，不再以借鉴、资治、教化作为历史学的使命。在新文化史家看来，历史学的全部目的，就是讲述一个好的故事，一个全然不同于他人讲述的全新故事，而不是从这个故事、这个讲述中去获取什么经验，什么启示，什么教训，更不存在道德的镜鉴、政治的得失。故事，就是新文化史的目标；叙事，就是新文化史的手段。

很显然，如果从这个意义上去理解新文化史，那么新文化史的方法、手段，很可能受到了社会学、人类学、文化学的启示，是人文学科与社会科学的交融。社会学和文化学、人类学与历史学面对同一研究对象时，这几个学科所运用的工具，所采取的表达方式明显有别。比较成功的研究成果，在发布的最初有社会学、人类学的意思，随着时间的推移，这些社会学、人类学的研究，也就构成了历史学的一个组成部分，具有明显的历史学或新文化史的色彩。

从学术史的向度说，中国传统历史学具有很好的叙事传统，不论是经孔子手订的《春秋》，还是孔子后学整理的《春秋三传》，虽说《公羊春秋》比较多一点道德说教，但他们大致上都比较重视叙事，注意讲一个不一样的动人故事。

这个传统到了汉代司马谈、司马迁，刘向、刘歆两对父子史学家，进一步光大，《史记》《说苑》中许多篇章栩栩如生的描述，让人犹如亲临其境，读者从没有怀疑其真实性。叙事是传统中国历史学的最大特点，直至帝制晚期，两千多年的中国历史学，除了刘知幾、马端临、章学诚等少数史学家注意制度史，注意史学理论或历史哲学的研究外，不论正史，还是野史、私史，中国的历史学家可以在理念上有很大差异，但在叙事上，他们却有着比较一致的共同追求，注意叙事的内在张力、戏剧冲突，注意故事的好看、传奇和经典。如果我们去仔细阅读章太炎等近代史学家用心书写的那些人物传记，尽管他们继续使用着文言，但他们所描绘的场景，刻画的人物性格，大都令人过目难忘，印象深刻。比如章太炎为邹容、秋瑾等人写的传记，即便从现在新文化史的意义上说，也是很好的叙事和故事建构。

优美的叙事，是中国传统史学的特点，但在帝制晚期当西方新史学传入后，传统中国史学确实遇到了巨大打击。以科学为价值取向的新史学追求定量，更重分析，于是历史学不仅在价值取向上，而且在表达方式和为学趣味上，都发生了极大改变。历史学不再是一种为人为己的乐趣，而是被赋予沉重的使命感，历史书写不再是比拼才艺的文人雅事，而是一种职业。中国传统史学的式微，可能还有其他原因，但书写方法的改变，应该是一个很重要的因素。

新史学在某种意义上说给中国历史学带来了一片全新的天地，但新史学确实对传统叙事有巨大伤害。20世纪中国历史学之所以日趋没落，失去读者，可能就与新史学过度阐释历史意义，过度重视结果而忽略过程，过多抽象分析，过少具象描述，有着潜在的关系。

传统史学的叙事优势被新史学消解了，然而如果仔细疏理通过借鉴西方近代学术发展起来的中国现代社会学、人类学，我们又很容易发现这些来自西方的学问恰恰在叙事上大度吸纳了传统中国史学的叙事本领，它们当然不是后来中国新文化史的源头或鼻祖，但它们从传统中吸取方法，也相当值得重视。

1939 年，中国第一代现代意义上的社会学家费孝通发表他的博士论文《开弦弓——一个中国农村的经济生活》，运用社会学方法描述中国东部太湖东南岸开弦弓村的社会生活、经济生活，涵盖中国东部一个普通村庄的历史、文化、地理环境、土地关系、职业分布、财产占有与继承、亲属关系及其在乡村生活中的意义。这部著作后来更名为《江村经济》，成为中国社会学名著。

《江村经济》是一部社会学名著，我们透过这部名著也可以看到中国历史学叙事传统在社会学中的运用。《江村经济》并没有像一般社会学作品那样大量使用图表、数据以及抽象的分析，而是以流畅的叙事、生动的语言去描述这个普通村庄的历史和方方面面。如果当年从学科意义上不得不将其归为社会学著作的话，那么几十年后，当费孝通的描述已经定型为历史的时候，《江村经济》就不再是一本单纯的社会学名著，而是了解 20 世纪前半期中国农村社会的重要史料，甚至其本身就是一部值得参考的史学著作。其叙事有社会学、人类学的规范，也有历史学叙事印痕、技巧与方式。

与《江村经济》相类似的社会学、人类学本土作品在 20 世纪前半期的中国还有不少，最近几年比较成功且形成规模的，当数福建教育出版社出版的《民国时期社会调查丛编》大型丛书。这套大型丛书的整理者李文海、黄兴涛、夏明芳等，都是历史学家，由此我们也能体会到不论整理者，还是使用者，都是将这些社会学调查当作民国史料的一个组成部分。仔细阅读这些调查报告，我们能分明感觉它们就是民国社会生活史，里边不仅有社会学规范，而且其基本叙事框架，就明显参照了中国历史学的叙事传统，是最近几十年新文化史的前驱。

社会史、社会文化史与新文化史

社会学、人类学意义上的中国研究，运用西方现代科学的方法研究中国问题，与同时代引进中国的新史学形成一定意义的"对冲"，过分强调理性分析的新史学在这些新兴学科的影响下多少保留了一点叙事形式，用事实、用故事，而不是完全用抽象的教条去解读历史、重构历史。也是从这个意义上说，中国的所谓"新文化史"研究，不论怎样变换方式，其实都是从社会学、人类学方向突破，比较有意义的成果，基本上都是对社会学、人类学理论、方法的吸收、消化。

笔者个人对三四十年来新文化史成果的阅读非常有限，管窥所及，隐约觉得社会学之类的学科从形式到内容，都在强烈刺激着历史学的变革。

2011 年，新星出版社出版了熊培云的《一个村庄里的中国》。读者可以把这部作品归为社会学著作，也可以归为历史学著作。一部作品怎样归类其实并不重要，重要的是这部作品行云流水般

225

地描写一个中国村庄在过去六十年的变迁，由此反映百年中国的苦难、辉煌、沉沦、复苏、光荣、梦想、屈辱，从一个具体的、具象的小村庄，展示、呈现大历史。这样的作品或许不如新史学同类著作那样严谨、细致，注重细节的考订，但《一个村庄里的中国》这样的作品，重视新文化史倡导的人道主义叙事、文本、细节以及地方性知识。这样的作品，如果基于批判的立场可以挑出无数的毛病。反过来，如果基于借鉴、模仿的立场，就能分明感到文字的魅力、叙事的力量。作者对中国农村、农民、农业的思考蕴涵其中。作者没有简单地告诉读者过去中国农业、农村不断走向衰落的结果，不是简单地站在农民的立场陈述农民的苦难与悲凉，作者关注的基本上不是结果，不是文本的研究，而是过程，是对历史情形最大限度的复原、重建。我们当然不必相信这些复原与重建的文字就是真实的历史，但我们必须感谢作者为历史的表达提供了另一种不一样的形式。

类似的作品在过去若干年还有不少，比如于建嵘的《安源实录——一个阶级的光荣与梦想》《岳村政治——转型期中国乡村政治结构的变迁》，梁鸿的《中国在梁庄》等，都是很有意思的作品，是用生动的细节去描绘一个时代的局部，它们的优势不只是文字的轻灵、优美，还在于故事性强，文献史料超乎想象的丰富、多元、多样。这些作者注意传统文献史料的收集、甄别和运用，注意田野调查，注意当事人的回忆、口述。这些研究对于重建近代以来的中国社会历史真实必将起到重要作用。即便有人不愿将这些作品归入新文化史范畴，但历史学家仍然需要参考和借鉴它们。

比较具有新文化史意味的历史学作品，在过去若干年也有不少。比如李霞的《娘家与婆家——华北农村妇女的生活空间和后台权力》，以作者在山东一个村庄的田野调查为基础，从实践、性别角度重新考察了华北农村社会亲属关系体系，以为妇女在日常生活中的各种亲属关系、经营活动，构建出了不同于父系谱系关系的实践性亲属关系网络，并使妇女在父系体制内创造出自己的生活空间与后台权力。这个研究结论是对过去中国农村社会情形看法的颠覆，根据作者的研究，传统中国社会的所谓男权统治可能还很值得重新思考，女性究竟在中国社会中承担怎样的功能，发挥怎样的作用，可能均非如传统说法那样简单。李霞的研究虽说依然具有社会学的特点，但毫无疑问，未来重新建构中国农村社会历史框架，不可能完全无视这些具有新文化史意义的描述。

未来中国新文化史的建构或者说理想的新文化史，主要不是移植社会学、人类学的理论和方法，而有待历史学者的自省、自觉，只有经过历史学训练的专业工作者自觉意识到了新文化史的意义，成熟的新文化史作品才能批量呈现。从目前已有成果看，国内外研究中国历史的学者对此已有相当程度的自省，相当多的研究者知道历史学必须改变，单纯以阶级斗争的方法、理论去解读丰富多彩的人类历史肯定不行。在国内，南开大学、山西大学等校一批与社会学有着比较久远历史渊源的学者，是比较自觉运用社会学理论、方法从事新文化史研究的先驱，他们的成果即便还有某些方面需要继续完善，但依然是至今为止的典范之作。

山西大学的中国社会史研究中心人才济济，成果丰硕。由乔志强先生主编的《中国近代社会史》是20世纪90年代最早的近代社会史著作，对于推动国内近代史研究的多样化启发多多。按照这个思路，乔志强、行龙稍后又有《近代华北农村社会变迁》，从社会而不是从政治的角度描述华北农村的社会生活、社会功能、社会构成，从人口、家庭、宗族、社区、阶级、阶层等诸多方面描述华北地区在近代的多重面相，极大丰富了历史学的表达。尽管作者、评论者都没有从新文化史角度发挥，这些作品其实就是中国新文化史的有益尝试。

近代中国社会史的一般研究为历史重述提供了一种可能，但是真正能够引起历史学发生革命性变化的作品，肯定是那些具有独到心得的深度研究。行龙的《以水为中心的晋水流域》，赵世瑜的庙会研究，池子华的《中国近代流民》，王振忠的徽州社会研究，上海社会科学院历史所对上海城市文化史的研究等，不论使用怎样的学科名义，其实都多少带有新文化史的特征。

国内学者接触新文化史的理论还是迟了一些，国外的中国近代史学者在这方面具有得天独厚的优势。李怀印的中国近代乡村社会研究，王笛的茶馆研究，卢汉超的乞丐文化研究等，均较国内学者在理论上更自觉，在方法上更圆融。相信随着时间推移，国内研究者也会一步一步赶上来，国内学者在资料收集、甄别、释读上的得天独厚，也一定会日益显现。一个全新的新文化史学科，一定会渐渐成为近代中国历史研究领域中的一门显学，因为新文化史毕竟提供了更为方便的历史学表达方式。

史学本质与史家责任

中国具有悠久的历史学传统，即便从孔子算起，中国历史学也有几千年的历史了，走过了一段漫长道路，积累了一笔宝贵的财富，支撑着中国人的精神生活，成为中国人的宗教。只是到了最近几十年，中国人的历史意识淡薄，某些宣传，使相当多的中国人既不怕地狱，更不怕历史。这是中国文明的悲剧。

史学本质

孟子说，"孔子作《春秋》而乱臣贼子惧"。就是说，历史记录尊重事实，不隐恶，不溢美，那么历史学功能必然彰显，必然起到警醒、警示作用。

因为儒家的教化，中国人从来不相信此身永存，但中国人从来相信精神不死。孔子"立德、立功、立言"的教诲，其实与东西方宗教具有类似功能，教导人们理性主义地看待过去、现在与未来，知道此生短暂，只是一个过程，即便享尽荣华富贵，最后也不过是一堆黄土。人生的真正价值与意义是精神不死，能以精神持久影响社会，影响人类历史。

儒家思想影响下的理性主义使中国历史学从一开始就信奉真实，相信真实是历史学存在的意义，也是历史学为学的根本价值。许多研究者在研究《春秋》及其三传时，注意到"一字之褒贬"，注意到孔子及其弟子的价值取向，因而怀疑历史学的科学性，怀疑历史记录的真实性。

确实，在相当程度上说，历史学是主观性最强的学问，是对人类智慧的终极考验。历史学的研究只能逐步接近历史真实，即便是昨天刚刚发生的事，历史学也没有办法真正复原，更没有办法像实验科学那样重新实验。读者、听者是否认同历史学家的分析、判断，主要的就看研究者的结论、记录能否做到历史与逻辑一致。历史学无法重建一个完全真实的历史场景，但历史学永远都以还原历史、回到现场、达到历史与逻辑的一致为基本学术诉求。

以"董狐直笔"真实记录历史，是中国历史学的优良传统，中国史学史上的任何曲笔，甚至像司马迁、陈寿等人因某些私人原因的部分曲笔，都会被后人揭露、批评。中国历史学不认同先入为主的政治偏见、私人意气，更不会根据什么政治立场、派系原则去曲解历史。真实，是历史学存在的依据，是历史学的生命，不真实的历史说教只是说教，不是历史。一切曲笔在历史的长河中终究会被揭穿，只是时间迟早而已。

资治、通鉴

历史学要发挥其功能，当然首先需要书斋学问，需要扎实、细致的考订功夫，需要心无旁骛，需要价值中立。如果没有这样的功夫，没有这样的积累，历史学就不会被人们尊奉。曲笔的历史作品，或许能够赢得一个时代的虚假喝彩，但假的就是假的，终究不会成真。

但是，不论中国还是西方，历史成为一种学问，除了弄清历史真相，记录历史事实外，还有一个重要功能是资治，是通鉴，是用历史教训指导现实，是告诉人们在从事创造时，要有大关怀、大视野，要把它放在历史长河中通览、通鉴。

有一句老话说，太阳底下没有什么新鲜事。历史，就是不断重复的过程。我们过去太过于相信"线性进化论"了，总以为我们今天比古人聪明，总以为我们现在比古人幸福，也总以为我们每时每刻都在创造着历史，史无前例。其实，反观过去几千年可以检索的历史，我们应该相信章太炎的分析，善亦进化，恶亦进化，俱分进化，有古今之别，无古今之异。我们今天比孔子、孟子、亚里士多德、柏拉图知道得更多，这不是因为我们比他们更聪明、更博学，而是我们生得比他们迟。

幸福的日子就是不断重复，今天的太阳和昨天一样灿烂，明天的太阳还应该像今天一样。同样，常态的历史进程，除去外在的要素如王朝的姓氏、政党的称谓的改变，如果从一般情形去观察，今天的故事可能就是昨天的重演，只是换了演员、场景、情节，似乎没什么新鲜。

熟读历史，就不会轻言"这是历史性的创造"；熟读历史，应该能够为现实提供某种借鉴。孔子、司马迁、司马光，中国历史学家大都相信资治，相信通鉴。即便是比较纯粹的书斋学问，假如深究起来，都有现实的大关怀。

预知未来，参与创造

历史学是一门关于过去的学问。老话说，无聊便读书。好像历史学就是一门消极的学问，是历史学家在现实生活中的无奈选择。这种观点在过去的中国或许是真实的，但在现代学科建立后，显然不能这样看。历史学不仅记录历史，研究历史，而且预知未来，参与历史的创造。历史学不再是失意政客无聊之后的消遣，而是有识之士、饱学之士的志业，历史学家是一项与政治家、企业家、教育家等大致相同的职业选择。

其实，在古典中国历史学家的眼中，并没有消极地将历史学视为一种无聊的学问。孔子知道之不行，退而修《诗》《书》，订《春秋》，让乱臣贼子惧。孔子以历史学为工具积极介入生活，影响政治，进而影响历史。此后，不论是司马迁，还是司马光，直至现代中国的马克思主义史学家，他们可能在一些重大问题上有不同看法，但他们以历史学为工具服务于社会，影响政治，应该说一脉相承，精神一致。

用历史学影响政治，参与创造，当然要防止"史学为政治服务"的悲剧重演。史学沦为现实政治的婢女，是中国历史特殊时期的一个特例。在更久远的历史时期，其他的学术可能不甚独立，唯独史学，即便在极端专权的帝王面前依然保持着不屈不服的性格。中国的政治架构需要一个独立的史官制度，独立的史官制度反过来保证了中国政治架构有用、有效，假如历代帝王都要求史学家只唱赞歌，那么中国在过去两千年，就不可能创造辉煌的历史学成就。

独立的史官制度保证了中国政治架构顺畅运行，历史学在不知不觉中参与了历史创造。一个稳定的，甚至是"超稳定"的中国政治架构，没有历史学的参与是不可想象的，也是不可能成功的。因此我们可以大胆地说，真正的历史学不仅仅是记录历史，研究历史，而且还参与历史创造，通过历史了解过去，服务现在，预知未来，为人类、为中国指出一条通往光明的路。

学科渗透与历史学本质

历史学不论在西方，还是在中国，都是一门古老的学问，有自己的方法、论域、适用范围。但是到了充分信息化的大数据时代，一切都在改变，一切不可能都在变成可能，各学科相互渗透，历史学不再是原来的样子。那么历史学的本质也会随之改变吗？

重回混沌

多少年来，人们一再强调"文史不分家"，但是仔细斟酌这句话的含义，它表明在历史学与文学的发展过程中，文史不仅分家，而且分得很清楚。强调文史不分，只是期望历史学者在遵守历史学规范的同时，应该注意文字、修辞，有质有文；对于文学类研究者来说，就是在充分施展想象时，注意点依据，有文有质。

信息化时代的突然到来，使历史学对史料的采集范围无限扩大。过去傅斯年向往"上穷碧落下黄泉，动手动脚找东西"，穷尽一切史料，原本只是一种理想，是一种根本不可能实现的梦幻。但在信息化时代，傅斯年的理想变成了现实，研究者可以在瞬间寻找到自己所需要的史料。这是傅斯年那一代历史学家想也不敢想的事情。我们得以更有效地"在历史的矛盾陈述中清理出一点历史真相"，这是互联网、大数据的恩赐，我们迎来了学术的新时代。

学术的新时代，一定会产出新时代的学术。充分数据化极大方便了历史学的量化研究，海量储存、检索从原来的不可能变成了可能。不到一个世纪之前，中国从西方移植过来一套完整的索引制作技术，哈佛燕京学社甚至不惜重金专门成立"引得编纂处"，著名历史学家聂崇岐将自己最好的学术年华奉献给了这样枯燥无味的事业。牺牲自己，方便学术，是哈佛燕京学社"引得编纂处"的宗旨，几代学人也确从其学术积累中获益良多。但是到了现在的充分信息化时代，随便使用任何一个全文数据库检索系统，都可以很轻松地实现聂崇岐那代人经年累月才能完成的工作。充分数字化，自然科学、技术科学的迅猛发展，为"E时代"的历史研究揭开了一个无限宽广的空间。

记得在我读书的时代，为了弄清《论语》中孔子究竟说过多少次"礼"，多少次"仁"，我们都要费很大的功夫，甚至有的大学者的巨大贡献，就是弄清、算清了这些数字。现在想想，这样的学问真是不可思议，计算机瞬间处理，比老辈学者费尽心血又快又准。老话说：工欲善其事，必先利其器。此之谓也，不虚言也。

信息化不仅加快了研究的节奏，而且使学科交叉、学科渗透，使综合性的学问成为可能。记得我刚进研究所不久，一位长者在了解我的情况后非常希望我追随他去做跨学科研究，他以为凭我对学术史、古代史的理解，如果跟他进入一个新学科，可以做出在传统学科无法想象的成绩。这位长者确实如此，他的跨学科成绩公认一流。但是我那时还是太保守了，执意守住学过的东西，不敢越雷池一步。几十年过去，我当然并没有后悔，但是看到在大数据、互联网时代，跨学科研究、学科转换，已不像几十年前那样令人畏惧，那样不可思议。举一个最新的例子。

台湾学者黄一农毕业于台湾清华大学物理系，后获哥伦比亚大学物理学博士，之后在马萨诸塞州立大学从事研究，在天文学史、中西文明交流史、术数史等领域均有突出成绩。

跨学科的知识背景让黄一农在诸多学科中随意转换，他的著作《两头蛇》研究明末清初第一代天主教徒的奉教因缘、心态、历程，探究这些天主教徒如何运用其人际网络以扩张西学、西教影响力，以及怎样处理天主教与儒教之间的紧张、冲突。

《两头蛇》讲述的是一个真实故事。明末学者孙元化既是儒家学者，又是天主教信徒。他没有子嗣，儒家伦理要求他纳妾生子，延续香火，"不孝有三无后为大"。而天主教却是严格的一夫一妻制。儒家与天主教的冲突让孙元化处于不可克服的矛盾中，最后他偷偷纳妾生子，履行儒家信条。

孙元化生命中的另一个故事说：明亡，孙元化作为将领应该自杀殉国，但天主教却禁止自杀。孙元化说他自己一生处于儒家、天主教的矛盾中，就像"两头蛇"一样相互牵扯。在纳妾生子问题上，他屈从了儒家；在自杀还是苟活的问题上，他接受了天主教。他内心深处的矛盾、紧张，在儒教、天主教中终于获得了一个平衡。

类似于孙元化这样的主题在过去的历史学研究中也曾出现，但由于史料原因，只能作大而化之的处理，最精细的研究也不过如史景迁的《王氏之死》那样，利用地方志之类文献，甚至利用《聊斋志异》之类文学作品，以高超的叙事技巧讲述一个故事。但《王氏之死》给人的感觉，说是文学，又不是小说；说是历史，又掺杂了许多文学想象。《王氏之死》具有不错的可读性，但在文学、史学两边似乎都有可探究的空间。

而黄一农的《两头蛇》似乎不一样。《两头蛇》也要重建历史细节，但这部书没有从文学作品入手，而是通过"E考据"寻找孙元化的人际关系，讲述一个又一个历史故事。黄一农的这项研究只有在大数据历史背景下才有可能。只有如此的技术进步，才能让研究者真正实现"全面占有史料"的梦想。作者穷尽明清文集、笔记以及各地各个层级的地方志。检索这些资料，阅读这些资料，在网络时代之前根本不可能，那时一个人无论怎样博学，怎样勤奋，都不可能像《两头蛇》这样"上穷碧落下黄泉"，一网打尽全部史料。这部著作跨越学科壁垒，让"七科之学""四部之学"重回混沌状态成为可能。

随着全球各语种文献逐步数据化，微观历史研究重建历史细节渐渐成为可能。作者对明清间一些原来不甚为人所知的人物，发掘出他们的历史，利用丰富史料重建社会生活的细节。如果没有互联网、超强数据库，这样的研究不可想象。大数据时代让不可能变成了可能。

非历史专业的启示

黄一农的另一个研究对象是《红楼梦》。《红楼梦》自诞生以来一直备受关注，近代以来各个专业出身的研究者、鉴赏者对这部名著进行了全方位的开拓，蔡元培、胡适、俞平伯、冯其庸等，均为一代大师。严肃如章太炎那样的学术大腕，也对《红楼梦》津津乐道。然而一个世纪走过，"红学"在我们从事学术史研究的人看来，大约已走向式微，不可能再有什么惊天动地的成绩。但让人想不到的是，黄一农又利用大数据、互联网让"红学"与清史对话，让《红楼梦》中的细节描写重回清代人的生活场景。这一方面接续胡适、俞平伯、冯其庸等人的研究，利用大数据还原曹雪芹那个时代的生活细节，对清史研究极富启发；另一方面，黄一农也从清史研究中获取灵感，因而有可能重启《红楼梦》研究，并将之推到一个新高度。

互联网使历史学研究发生革命性变化，许多过去看来不可能的事情在今天日益变成可能。今天的历史学家不仅可以迅速获得自己所需要的文献，而且很容易获得传统历史学不太重视的遗存信息，看到过去根本没有见到过的历史遗存物。音像史料的大量出现，极具个人色彩的回忆录大量制作，文献储存的便捷、不必限量等，既为历史学研究深化、细化提供了可能，也使各学科相互渗透达到前所未有的程度。过去我们只是期待、呼吁文史不分，希望人文、社会科学各个学科相互借鉴，现在的情况却是，有许多文章、论著，已很难从原来的学科分类去定义。从"四部"到"七科"是学术不断分化、不断专业化的过程，现在似乎有一个反过来的趋势，许多学问渐渐趋同。比如文史哲法经诸学科都可以讨论近代史上诸如辛亥革命这样的大事件，非历史专业诸学科研究者的角度、视野、见解，虽然仍受制于专业学术基础训练，但从大的历史关节看，各个学科的讨论逐渐接近，尤其是非历史学专业的研究，对于历史学专业来说，极具启发意义。

比如在过去的历史学讨论中，研究者曾注意到清帝退位诏书的意义，以为这份诏书标志着满洲人两百年的政治统治至此结束。然而最近若干年有宪法学者从民族国家建构的视角重论清帝退位诏书的意义，以为这份退位诏实际上是将大清帝国的主权、疆域、人民完整移交给了袁世凯。这样一来，过去几十年的许多既成看法均需要重新思索，民国初年对清朝既有制度的因袭、损益，孙中山与袁世凯的政争，袁世凯与民国的关系，列强与南京临时政府、袁世凯政府的关系等，都需要给予新的解释。从宪法学视角重论清末民初，在某种意义上说推动了历史学等相关学科的思考。

文学研究者在这些年也很喜欢讨论历史问题，许多讨论对历史学研究启发多多。比如民国初年的政治乱局，历史学的研究几乎始终聚焦于各政治派别的冲突，讨论帝制、共和的分歧，甚至从绝对共和主义立场将民国初年所有试图加强政府权威的举措视为倒退，视为落后。最近，文学研究者陆建德通过对清末民初政治态势、国家治理能力的分析，以为那时中国现代化失序、失范，一个重要原因是速度太快，改革的中枢失去了领导力。中国的现代化事业是与中央集权相联系的，电报、路政、船政和邮政这些新事物需要全国统一部署。重大的、全国性的公共事业不能归这个省、那个省。晚清新政时，财政上有了新气象，各个省要报预算了，预决算由度支部统一管理，中央也能借此了解各地的财政情况。但因中央太弱，没有能力在全国范围兴办公共事业，就由地方自行解决，强调地方自治。而地方一旦有自己的办法，就不愿意在财政上听命于中央。

晚清中央与地方在财政上一直存在激烈的博弈。进入民国，这种情形不仅没有好转，反而更加严重，国家治理能力严重不足，此时过于强调共和，强调分权，强调民主，只会加剧国家治理能力的削弱，无助于中国现代化进程。陆建德阅读的并不是历史学家看重的档案，而是当时文人的感想、媒体的记录。他谈到朱光潜在《旅英杂谈》中讲的一个故事，说1926年有一个印度学生问正在英国留学的朱光潜：中国有没有政府？朱光潜惊讶于对方的无知，甚至感到对方很可怜。陆建德以为朱光潜的反应过度了，如果读读当时英国报刊上关于中国的消息，就知道中国的混乱早已给外国人一个很深的印象——中国无政府，或多政府，一直处于混乱中："有南北两个政府，还有数目不大确定的一些独立王国；军阀不受统领，今日甲与丙开战，乙宣布中立，明天乙与丙打起仗来，甲两边得利，分分合合，变幻莫测；出现灾荒，见不到有组织的救助。诸如此类，举不胜举。中国实际上处于无政府状态，英国人一般不会提出暗含负面评价的问题，印度学生比较直率，他有千百种理由问朱光潜，中国到底有没有政府？北伐胜利后，孙殿英盗掘清东陵，国民政府无力追责。"

守住边界

国际互联网时代是人类从未遇到的时代，地球被缩小为一个村落，全球几乎处在同时同步状态，这样的外部条件给历史学研究一个全新的挑战。研究者可以轻松获取过去很难获取的信息，资料的收集、史料的排比，在未来大约不再是历史学家的首要功夫，博学如钱锺书者依然会获得推崇，但其学术功夫大约会被计算机所替代。未来的历史学鼓励超越，鼓励创新。任何研究者在准备从事一项全新课题时，一定会利用检索功能查询已有研究成果，一定会全力避免意义不大的重复劳动。研究成果重复率一定会逐步降低。

历史学知识生产方式的变革，让历史学家不再将主要精力用于"上穷碧落下黄泉"，历史学家需要以大家都能看到的史料为基础进行创造性思考。换言之，前辈学者大多推崇陈寅恪在大家习见的史料中发现不一样的问题，得出不一样的结果，以后我们更会推崇像陈寅恪这样的学者。在大数据时代，完全以新出资料取胜的研究当然还会有，比如许多在档案整理过程中就介入的研究，一定会比更多的研究者的成果早出，但是毕竟新史料的公布不会遥遥无期，研究者的真知灼见比资料收集、排比更重要。

新的知识环境，多学科的相互渗透，还会影响历史学的表达方式。传统历史学虽然也强调底层，强调民众，但受资料、手段制约，过往的历史学一直围绕着精英阶层。互联网、大数据，特别是社会学、历史人类学的发展，一定会改变传统历史学的表达方式。社会学的田野调查，社会学的故事性叙事，也一定会让历史学作品更活泼更有趣。

241

在这一点上，老辈社会学者吴文藻、潘光旦、费孝通、林耀华等已做出不俗成绩，他们的社会学作品其实就是广义的历史学研究，只是碍于过去的学科壁垒，历史学界不太理解他们的贡献而已。像潘光旦的《冯小青》《中国伶人血缘之研究》《明清两代嘉兴之望族》，费孝通的《江村经济》，于建嵘的《岳村政治——转型期中国乡村政治结构的变迁》《安源实录——一个阶级的光荣与梦想》，冯军旗的《中县干部》等，既是优秀的社会学著作，也是广义的历史学作品。如果放在一个更广大的知识生产体系看，他们基于社会学方法所作的历史研究，不仅在方法上给历史学很多启示，而且其研究对象、范围，本身就是值得历史学继续探究的主题。历史学真正将眼光向下，去研究底层，研究民众，社会学方法无疑最值得借鉴。

文哲经法政社诸多学科都能从历史学研究中获取营养，它们的研究也都能从不同角度不同侧面给历史学以启发。学科渗透、跨学科发展，让各个传统学科都能获益。当然说到最后，任何一个学科的独立存在是各个学科相互渗透的前提。因此，历史学在互联网、大数据时代充分接纳吸收其他学科方法、成就的同时，一定要谨记自己的学术边界，守住边界，不是不让其他学科"入侵"，而是不要让历史学失去"历史特色"，更不能抹去历史学的本质。

以哲学为例。哲学与历史关系最近，但哲学研究与历史研究还是存在很大差异。哲学可以假说、推理，而历史只能根据已发生的事实进行讨论。比如20世纪80年代曾经在哲学、历史学两个领域发生过关于太平天国的争论。从哲学观点看，假如太平天国胜利，推翻清廷，那么太平天国必将把中国拉回中世纪，因为其意识形态来自西方的中世纪宗教，是对近代中国历史道路的反动。哲学家的这个研究引起历史学家相当激烈的反对。其实，这是两个学科的性质决定的。哲学不进行假设、推理，就不是哲学；而历史如果也用这种方法探讨，势必沦为空论。历史学家在这场争论中守住了学术边界，没有无条件地将哲学家的假说引进近代史领域。

哲学与历史学还有一个至今仍未完结的争论，即哲学家提出的"告别革命"。在我看来，"告别革命"把握了时代脉搏，既是一个哲学命题，又有关现实政治。学术界当时如果从哲学、政治学上进行深入研究，一定有助于中国意识形态重建，有助于中国政治转型。然而从历史学家的观点看，"告别革命"势必要重新评估近代中国历史上的革命，进而涉及合法性、正当性，因而这场争论最后就像西汉初年黄生与辕固生争论"汤武革命"时一样，以取消问题去解决问题。历史学守住了自己的边界，阻止了哲学的进入，但对于当代中国政治来说，似乎像西汉初年一样，将社会转型问题无限期后延。

历史学有自己的学科边界、方法，历史学一方面必须最大限度吸取其他学科的营养，另一方面应该守住自己的传统，在适度保守中创新、发展。

作为艺术的历史学

根据我们长期所接受的教育，历史学是一门科学。对于这一判断，我们长期坚信不疑。至少我个人在多年的从业经历中是如此认识的，并力图将这一判断贯彻到个人的研究工作中去。

但是随着岁月的流逝，时代的变迁，我逐渐有所醒悟，认识到原来的说法确乎具有很大的局限性，科学似乎只存在于历史学的方法论层面上。我们过去所说的历史学是一门科学，只是说历史学应该随着自然科学、社会科学的进步而不断改变自身，不断借鉴自然科学、社会科学的方法，使它更像科学。而历史学的结论，或者说历史学作为一个整体，则不是科学，而是人文，或者说更像一门艺术。

所谓科学，主要是指西方自近代以来可以通过实验获得同样结果的东西。这种实验的方法、过程和结果，当然可以称之为科学。而历史学根本无法通过实验还原过去，即便将来通过各种传媒手段大量且细致地记录人类的活动，相信科学依然无法记录人们的思维过程，无法复原人类创造历史的原貌。科学只是帮助历史学利用某些手段，并不能将历史学完全改造为科学。

将历史学视为一门艺术，旨在强调历史学的研究更相信研究主体即历史研究者本人对历史进程的领悟、理解、判断与叙述。历史学就本质而言是人类历史中最聪明一类人的学问，这些聪明的人面对同一的研究对象、同一的史料，可以作出各自不同的解释与描述。"横看成岭侧成峰，远近高低各不同。"这句诗在一定程度上写出了"历史实在"在不同研究者那里总是获得不同的认知。也正是从这个意义上说，"历史实在"真的就像一些人所概括的那样，是任人打扮的小姑娘。由于研究者的阶级立场、知识背景、操作手段乃至心情的不同，同样的历史事件、历史人物，可以在不同的研究者那里获得不同的结果。我们经常会看到或听到某些自以为是的历史学家对另一些历史学家说：我不同意你的看法。殊不知这种不同意本身已经表明历史学的艺术性，一百个艺术家可以像张艺谋一样创造出一百个不同的秦始皇；一百个历史学家当然也不可能写出完全相同的康熙大帝。秦始皇、康熙大帝作为历史实在只有一个，而在艺术家和历史学家那里可能塑造出不同乃至相反的形象。这一事实不仅证明了历史学的艺术性，而且说明了研究者的阶级立场、知识背景、个人阅历、审美情趣乃至心情对历史学研究的深刻影响。

继续观察，我们还会发现另外一个现象，那就是尽管不同人的描述明显不同，甚至有天壤之别，但即使是那些"戏说""歪批"乃至"水煮"，总能获得一部分受众的欢迎与喜爱。这在某种程度上也可以证明这些艺术化了的历史解构、重构、阐释、解释、叙述和再现，至少在某一方面合乎或者说迎合了、接近了、契合了阅读者所期待的审美结果。由最具灵性的人类创造的历史没有什么规律可言，昨日之果可以构成今日之因，然而由于历史创造者的聪明或者说对人类经验的记忆和吸取，这种因果并不总是构成严密的逻辑关系。就像坏事可以变成好事，但并不是说所有的坏事都必然变成好事。

由此，我们过去一直在追寻的所谓历史规律其实只是我们头脑中的乌托邦，并不是真实的存在。如果真的有一个历史规律的话，那么人们完全有可能通过逻辑推理，通过大型计算机的运算，推定人类的过去、现在与未来。这显然是不可能的。真实的存在是有的，是客观实在，但它既不是研究者所能获得的，也不是历史创造者所能说清的。"不识庐山真面目，只缘身在此山中。"如果我们仔细对勘同一事件不同参与者的回忆，就会很容易地认同这一判断。

历史学是艺术化了的学问，当然也就是一部分聪明人的学问。但这并不是说历史学只需个人的聪明，而不需要辛苦的劳动特别是大量阅读。恰恰相反，历史学者的聪明建立在大量阅读和信息采集的基础上，一个历史学者如果不能持续地阅读和耐得住寂寞地沉思，那么他的无论何种聪明都只能是无本之木、无源之水的"小聪明"。历史学者的大聪明或大智慧，还在很大的程度上依赖研究者的个人能力、个人经历、个人知识背景以及个人的主观想象。一个在现实生活中不懂人情世故，不知轻重缓急，甚者"拎不清"是非曲直的所谓历史学家，他的研究成果就很难令人信服。一个历史学者如果不能像艺术家那样对现实生活充满爱心，不留意社会变化的时时刻刻，不关心自己生存的周边环境，那么也很难相信他的研究会有多少价值。生活的经验、个人的经历扩充了历史学者的艺术想象能力，成功的大历史学家不一定是生活中的成功者，但一定是一流聪明的强者。

正如一切艺术形态一样，离开了个人主观想象，历史学便寸步难行，在"历史学即史料学"这种极端的科学主义历史观指导下，很难想象会做出什么成绩。也正是从这个意义上说，笔者更赞同胡适的另一看法，即大胆地假设。历史学不能离开假设，正像一切科学和一切艺术一样，离开假设就没有创造。只有大胆地假设，才能充分发挥历史研究者的无限创造力，才能对丰富多彩的历史现象作出更多的接近于真相的描述。

基于其艺术特征、人文特征，历史学大概是所有人文科学中最主观的学问，它无法通过自然科学的试验与验证，因此关于历史学成果的一切评估似乎很荒唐。阅读历史学者真正意义上的研究成果，人们根据自身经验可以获得快感、愉悦、烦恼、不满、气愤、痛恨和启示。

然而阅读者如没有在同一题目下进行过同等努力，没有与研究者同样的经验和知识背景，那么所获的这种快感、愉悦、烦恼、不满、气愤、痛恨和启示也只是个人的，并不能代表研究者的看法。所以还可以说，历史学是非常个人化的一种艺术活动。

真正意义上的历史学家一定是在解决了基本的温饱问题之后，在相对优越和享有尊严的条件下从事艺术创造，即使在困厄状态中也是为了某种理想发奋工作。投身历史学的人如果一味追逐"为稻粱谋"，那么他的成果即便研究者自己也会不以为然。处于社会急剧转型期的中国当代史学家或多或少地都有这种体会。这就像一个艺术家如果只是为了糊口或者为了某种任务、应酬而创作一幅画、一幅字、一段乐曲，他自己也往往不会满意。

艺术的创造不能无视生活，真正的艺术一定会基于生活的积累而又高于生活原型。历史编纂学和近年来兴起的所谓计量史学格外强调历史文本的意义与价值，殊不知任何历史文本都是一定条件下的语言文字和符号，它们只能代表历史实在、历史事件或过程，并非就是历史实在、历史事件或过程本身。历史学如果仅仅停留在历史文本的分析上，只不过是在重复这些语言文字和符号。作为艺术的历史学，是透过这些语言文字和符号，根据个人的经验、知识背景重建话语解释体系，最大限度地剔除语言文字等符号对历史真相的掩盖、遮蔽、作伪，创造更加合乎人们审美需要、合乎人们心灵期待的历史作品。

　　历史真相是一个客观实在，然而由于历史学的艺术性，人们只能逐步接近这个客观实在，永远无法获知或掌握这个实在或历史真相。所有的历史记录都不可能是完整无缺的，历史学家的任务就是透过分析已有历史文本，对历史记载中的缺失提供合乎情理、合乎逻辑、合乎人们审美需要的解释、阐释、重构与再现。只要人类继续存在，历史学对既往的历史就会不断提出新解释，就会不断有新的艺术类型的创造。历史学是一门常说常新的艺术化、人文化学问，它永远都不会固定在任何一种模式之中。

大众历史写作的意义与方法

非常高兴有机会到《中国国家历史》"大众历史写作研修班"和大家一起交流。我今天讲的题目是"大众历史写作的意义与方法"。这是主持人给我出的题目。之所以出这个题，可能是因为我这几年确实写过几种"大众历史"小册子。我就先从我为什么写作这些作品开始讲起，不对的地方，大家批评。

引 论

1986 年我从复旦大学毕业就来到社科院工作，几十年一以贯之，没有一天离开研究岗位，也没有换过工作。在前面二十多年，我的研究、写作，为考评，为职称，为博导，为课题，基本上除非单位规划，或受上级指派，我从来不敢轻率地答应出版社写通俗历史。各位有机会可以查看我的作品目录，2011 年之前，我的作品还是很学术化的。

2011年，是辛亥革命一百周年。前一年，就有出版社约我就这个主题写点东西，而我自己也觉得读书一辈子，应该为自己的兴趣而写作，说得高一点应该是，为人民而写作，为尽量多的读者而写作。所以从这里开始，我才尝试着写一点不那么学院气的作品，让尽可能多的读者读懂。

我个人的经验是，即便自己有写大众历史读物的想法，也不必急于实现，不妨在学术化写作方面多积累一些，特别是我们目前这样的考评体制，更应该注意本职工作，注意积累。所以我一般不太主张我的学生过早做这些事情，职称没有评完之前，尽量不要写通俗作品。这是外部环境的制约。

当然，各地情况也不尽相同，各人的情况也千差万别，如果确实喜欢，放弃职称，也没有什么不可以。条条大路通罗马。成功没有固定模式，性之所近能之所及就好，凭着自己的兴趣去做。

另一方面，不管大众历史写作，还是小众历史写作，其实最初都要好好去读书，好好去研究。这是历史研究与写作的一个很重要的前提。

大众历史写作比小众历史写作难度要大得多。我最初就是小众写作，纯粹为在学术刊物发表而写作，不必考虑读者，只要有新资料、新看法，论证严密，逻辑清晰，总会有发表机会。后来当我为大众媒体开专栏，写连载时，我觉得大众写作比小众写作难。因为你要考虑非专业读者，你必须将史料化为非专业读者能理解的语言，你必须考虑文章结构、语言、内在张力，要想着让读者有阅读冲动、兴趣，爱不释手。这是专业写作不需要考虑的问题。

大众写作是给非专业读者看的，没有必要也不可能大段抄写史料，不必也不可能烦琐注释、引证、论证，必须直奔主题，以第三者、旁观者身份直接论述。读者信任写作者的专业身份，这是不加注释，或稍加注释的前提。当然，这样的写作也必须面对专业研究者的责难。记得我那几本小册子出版后，一位同事有一次聚餐时喝了酒，实在忍不住心中久已积存的愤怒。他说："老马，你那几本书，没有引文，也没有注释，很不严肃。我在书店里站着看了一个多小时，最后还是没有买。"

由这件小事继续引申，我渐渐意识到，任何作品，都必须有清晰的读者群。一本书，究竟写给谁看，必须在写作前就清楚。我们都不能穷尽所有读者，不论我们给大众写，给小众写，都不要想着把所有读者穷尽，那是诺贝尔奖获得者莫言也做不到的。《圣经》影响力最大，也不是每一个人都有兴趣读。《毛主席语录》当年发行了多少万套，多少亿人读，那也不是人手一册，也不是每个人都要去读。一本书，只能解决一个问题，也只能有一个大小不一的读者群。

我们不可能在一个作品当中满足所有读者，这是做不到的。因此在这种状态下，我们确实需要一个预设读者对象。你的预设对象究竟是什么？是给《历史研究》《近代史研究》《世界史研究》《哲学研究》投稿，还是让大学本科各专业读者都能阅读？这是写作前就应该想清楚的事情。

今天在这里我想集中讲这样几个问题：第一，什么是"大众历史"，大众历史与学者有什么关联，和社会有什么关系；第二，大众历史的文学性及其限度；第三，大众历史的可读性。这是写作方法问题。大众历史的写作肯定不同于学术作品的写作，其叙事方式也不同于学术作品。学术作品是描述跟着史料走，有一分史料说一分话，没有史料就不说话。但大众史学的写作必须注意读者的阅读心理，要注意历史的真实、历史的逻辑，要最大限度地使历史的真实与历史的逻辑一致，因而大众历史的写作要注意篇章布局，注意结构，注意叙事，注意营造内在紧张，注意起承转合，让读者在阅读中找到愉悦，有自然的阅读兴趣。简言之，在不违背历史真实的前提下，要适当增加可读性，要让读者发自内心地爱不释手。

什么叫大众历史

根据我们在前面的描写，所谓大众历史，是相对于小众历史而言。而小众历史，就是专业研究，是学术圈子里的学问，不需要太多读者，不需要过多考虑别人懂或不懂，其要旨就是推动学术进步，解决历史上一些悬而未决的问题。这样的学问就是专家之学，可能只有一个读者，即责任编辑。而很可能这个责任编辑也没有读懂，只是在履行编辑的技术责任。比如钱锺书先生《管锥编》的责任编辑周振甫先生，学问也非常不错，写过有关严复思想研究的学术专著，但其编辑《管锥编》，据说并不是都懂，因为这部书涉及的语言太多，东西方典籍太多，除了钱先生自己，好像还没有一个人读过钱先生这部书中引证过的全部资料。小众史学当然也有自己的评估标准，比如规范化、新资料、新思想，但更主要的，小众史学必须有真诚的学术追求，要经得起良心和学术史的双重考验。作品完成后，起码良心是安宁的，不能有学术规范问题，更不能有抄袭，要问心无愧，知道哪些是自己的独创，哪些是在前人基础上的推进。

不论大众还是小众，学术研究都必须经得起学术史的检验。"文章千古事，得失寸心知。"你的作品一发表就成为人类文明的一部分，因而任何写作都要怀有一颗敬畏的心，敬畏文字，敬畏立论。作者可以欺负人们一时不读书，一时没有看破书中的问题，但要相信学术史不会永远便宜投机取巧的人，更不会宽容偷鸡摸狗的行为。中国学术史上许多抄袭大案，真正案发并被揭穿确实需要很多年，或许不容易遇到一个对同一问题有兴趣的人，但是只要遇到，都会被揭穿。这样的例子学术史上很多，我就不细举了。简而言之，我的看法是，不论大众还是小众，都必须经得起这样两个考验：

一个是良心的考验。

一个是学术史的考验。

举一个我自己的例子。我在《汉代春秋学研究》中提出许多新看法，也有系统的论证。不过在书出版的时候，只有很少研究同类问题的研究者读过，我也看到过一些引证、评论。我自信对于相关问题的研究，还是力所能及地有所推进的。比如《左传》作者的研究，在过去两千年里，学术史上有很多讨论，像猜谜一样，从汉代刘向、刘歆父子一直到近代章太炎，当代杨伯峻，对《左传》的作者都有不同的推论、论证。

从学术史的观点看，大众历史实际上是中国历史学的主流。在中国史学史上，严格意义上讲，真正构成原创性，并带有理论色彩的，大概就是刘知幾的《史通》、章学诚的《文史通义》以及章太炎的《訄书》、梁启超的几本书。这就是胡适讲的，中国历史上有这种主观诉求要建构体系的作品很少，大众历史学始终为中国历史学的主流。

大众历史学为中国历史学的主流，不唯传统社会如此，即便在新史学传入中国、史学革命发生后，中国历史学主流依然没有偏离大众历史的轨道。我们今天回望民国时期主要的历史学著作，其形式可能是大众历史的，但其内容、内涵，却又蕴含着浓郁的学术气息。比如梁启超的《清代学术概论》，钱穆的《中国近三百年学术史》《国史大纲》，钱玄同的《重论经今古文学问题》，周予同先生的《经今古文学》，顾颉刚的《古史辨》长篇序言以及其《秦汉的方士与儒生》，张荫麟的《中国史纲》，蒋廷黻的《中国近代史》，范文澜的《中国通史简编》，胡绳的《帝国主义与中国政治》，这些作品均具有极高的学术价值，同时又具有广泛的读者群，作者在写作时，就已经设定了这样的读者群。这才是我们值得期待也值得奋斗的大众历史写作。

真正经得起历史考验的大众历史读物，一定是研究后的产物，不是简单地东拼西凑；是一种大众可以接受的通俗表达，但一定要具有足够的学术含量。这样的作品并不影响作者的学术品位、学术贡献。这是我们讨论什么是大众历史的时候，一定要格外谨记的。

大众历史的文学性及其限度

在这些作品中，作者的描写都很注意生动、传神，注意适度的文学性。比如我们去读顾颉刚的《古史辨》长篇序言，我们丝毫不觉得枯燥无味，不觉得它是一篇所谓学术论文。作者用流畅的文学笔调，像说话一样叙说着自己的心得。几万字的文章，会让读者在不知不觉中爱不释手一气读完。读这篇序言，犹如读一篇中篇小说，没有什么阅读障碍。这个特点存在于顾颉刚的大部分作品中。只有非常专门化的《尚书》研究，一般读者就读不懂了，因为存在知识门槛，没有足够的经学知识储备，就没有办法阅读这类作品。

从这个意义上说，顾颉刚的历史写作，大部分时候就是大众历史写作，就是为具有一定知识储备的读书人写作，并不都是对着专业研究者，因而可以看到他比较注意描写，注意适度使用文学手法。

大众历史写作，一定要具有学术的根基，要有研究。没有研究的写作，是没有生命力的抄写，不可能获得读者的认同，更不可能传之久远。这是我们讲大众历史写作时需要格外强调的。

另一方面，大众历史毕竟是为专业研究者之外的人写作，主要不是给专业研究者看的，因而一定要适度注意其文学性，要有适度的想象力，要有相当的文学素养、文字功夫。范文澜曾经说过，他写的历史没有一字没来历，但我们看到范老的作品并不会大段征引史料，更没有那些欧化语言、连自己都分析不清的句式，范老的文字简洁明白流畅。

大众历史写作应该注重文字表达，注意历史的逻辑性，另外要有适度想象和文学性。我们去看中国最好的历史学作品，一定有它的文学色彩和想象。我们去读司马迁描写的鸿门宴，惊险、刺激，对话极富个性，画面感超强，我们从来不会去怀疑司马迁的描述，但是我们也一定感到疑惑，司马迁的依据何在，档案在哪里？

再比如司马迁在《史记·项羽本纪》中写"霸王别姬"："项王军壁垓下，兵少食尽，汉军及诸侯兵围之数重。夜闻汉军四面皆楚歌，项王乃大惊曰：'汉皆已得楚乎？是何楚人之多也！'项王则夜起，饮帐中。有美人名虞，常幸从；骏马名骓，常骑之。于是项王乃悲歌慷慨，自为诗曰：'力拔山兮气盖世，时不利兮骓不逝。骓不逝兮可奈何，虞兮虞兮奈若何！'歌数阕，美人和之。项王泣数行下，左右皆泣，莫能仰视。"如此栩栩如生的描述，我们今天的历史学家在自己的作品中有几个人敢这样写？如果这样写，批评者一定会问：依据何在，档案何在？所以我们现在很多历史学读物不是没有人读，而实在是不堪卒读，枯燥乏味，没有一点生活气息，离开档案不能说话。殊不知历史上的重大事件一般都不会留下档案；能够留下档案的事件，一般都是承平时期，无关紧要。何况承平时期的档案，也会有许多修饰，并不一定反映历史真实。

叙事方式与可读性

研究是大众历史写作的前提，文学性是大众历史写作的要求。文学性当然也必须有个限度，不能无限度地想象发挥。好的历史学作品，应该具有可读性，应该有文有质，应该文史不分，有可信的史料依据，有生动的文学描写，甚至抒情。大众历史写作者一定要注意向文学家学习，向小说家学习，学习他们处理故事的能力、技巧、语言、结构，通过阅读小说家的小说，熟悉自己无法熟悉的生活。历史学家只有具备丰富的人生经历，才能勘破历史，才能明白纸质史料背后的东西。生命个体的生活经历都不可能复杂，长命不过百岁，凭借自己的经历，能知道的事情不可能很多，只有通过二手资料，通过阅读，才能丰富自己的知识。历史学研究强调第一手的资料，但历史学家的人生知识，百分之八十均来自二手，来自阅读。我们去写晚清的历史，写汉代的历史，我们怎么可能有那时的经历？我们只能通过阅读。

历史学作品，不论小众史学，还是大众史学，我个人比较倾向追求美的文字。尽管我做得很不够，文字并不美，但我内心确实在追求美文。我在读书时，老师就反复告诫，最好的表达是让读者最快最容易明白你的意思，如果旧有概念、词汇足以说明问题，就应该将自己生造的词汇替换为旧的词句，而不是将旧词句替换成让人费思的新词。文学的价值不在文字的艰深，而在形象、真实、栩栩如生，让人亲临其境。对史学作品的最好评价是：你说的像是真的，好像你在现场。这就是大众写作的文学性，表达明白流畅，文辞稍有修饰，并具有一定的意境。

大众历史写作还应该注意文章、作品的结构，要注意吸引力，要想方设法让读者有爱不释手的内在冲动，结构、内在紧张、悬念、逻辑，都是写作时应该考虑的。在结构上，要注意阅读的节奏，如果这章一定要写思想，那么在下一章一定不要再写思想，不妨写写人生，写写八卦，写写人物政治的、生活的经历，与沉闷的思想描述对冲。

我一直主张在学术已经分化的今天，历史学一定要借鉴文学家的描写方式，他的紧张、节奏、语言，是我们历史学写作应该借鉴的。

当然借鉴应该有一个限度，历史的文学描写应该有个限度。它的限度是什么呢？是作者不能写史料中没有的。历史作品写作，一定要注意历史氛围，最好用第三者立场叙事，不要生造人物对话。一定要保持历史学的品质，不要去编造人物对话。如果是给电视、电影写剧本，另当别论，那已经不是历史写作，而是文学创作了。写人物对话只有一种情况是可以的，就是有史料依据。比如我们写1898年中国政治变革，不论是康有为、梁启超、毕永年的记录，还是袁世凯后来追记的日记，都包含有不少对话，这些对话，如果用得恰当，极有意思。

另外一个限度就是"想象的节制"。大众历史写作不能没有想象，没有想象就没法去写，比如前面说过的"霸王别姬"，没有想象，那一段就无法下笔，但想象要有一个节制。就是说，想象不能是无限的。

举一个例子。这些年晚清史有一大疑案被重提，就是光绪之死。光绪皇帝怎么死的？我曾经排比过全部传世文献，但依然不敢动笔写，因为我尽管不能认同之前所有的谋杀假说，但我还没有办法完整解释光绪遗物上的剧毒及其来源。我们可以想象，但这个想象无法证明的时候，就是假说，就不是事实，就没有办法写。想象、假说，必须经得起论证，这是一种比较稳妥的立场，大众历史写作不论在什么情况下都不能信口开河。

研究是大众历史写作的基础，各位一定要在研究上下功夫，没有弄清的东西不要写不能写，弄清之后也要注意表达方式，注意谋篇布局。在写作之前，一定要在阅读史料的过程中形成一个完整的表达思路，全局了然在胸，对于完成后的作品，有一个想象的蓝图。

　　至于叙事，我个人始终倾向平实、平和，简洁明快，干净利索，不要拖泥带水，绕来绕去；注意学术性，注意深刻性，但不能故作深刻，卖弄聪明。大众写作一定要尊重读者，想象着与读者促膝谈心，秉烛夜话，就一定能找到最合适的语言，最合适的方式，就一定能引起读者的阅读兴致。

互联网时代的历史研究与书写

中国文明的发生，也是历史记忆的萌生。从史前的刻画符号，到殷墟的龟甲，再到后来的竹简和纸张，每一次技术上的进步都使中国的历史研究和史学表达发生一次深刻变化。没有龟甲，没有竹简，就没有孔子删订六经；没有造纸，也就不可能有历代正史的编修与流传；没有印刷术的发明和大规模使用，就不可能在唐宋时代发生中国历史上的第一次知识大爆炸，中国文明不可能在文史领域留下那么多财富。

到了近代，随着西方文化的传入，中国的历史研究和史学表达又发生了一次重要变化，专业性的学术刊物及报纸上的史学专栏，成为过去一百多年中国史学表达的一个重要形式。我们现在说某个历史学家有学问有成就，其实也就是暗指这位历史学家在专业学术刊物上发表了不少具有创见的学术文章。

从古至今，书写材料和工具发生了巨大变化。孔子时代，六部经典几乎包容了中国文明的全部，即便将诸子百家全部算进来，也没有多少书籍。至唐代，记录在纸上的中国文明积累仍然有限，皓首穷经弄懂一部经典可能比较难，但博览群书，甚至穷尽唐以前的全部典籍还是有希望的，即便到了当代，依然可以发此宏愿。这样说，并不是因为唐之前的中国人懒得书写，不屑于留存，而是因为工具和材料的限制。

唐宋以后大不一样了，纸和印刷术开始普及。尽管唐宋以后学者仍然敬惜字纸，惜墨如金，但像朱熹这样博学的学者所留存的文献，远多于之前更勤奋的人，比如七年不曾窥园休息的董仲舒。由此可见，他们的差别不是智力或勤奋，而是谁拥有最丰富的工具和材料。

到了近代，随着报纸杂志的出现和书写工具的改善，学者们的产量有了更大幅度的提升。现在所知，康有为、梁启超、章太炎等人的作品有上千万字，胡适这一代人有的作品竟在两千万字以上。他们大概都是晚清至民国最高产的学者，但是如果与当今在电脑网络化条件下工作的学者相比，胡适那一代一定自叹弗如。当然，数量的积累并不必然意味着人类文明的积累，但是如果没有量的积累，所谓质也就是无源之水无本之木，沦为空谈。

新工具本身就是文明的贡献，运用新工具进行新的创造，天经地义理所当然。拒绝电脑，拒绝新介质新媒体，是人的自由权利，不可剥夺。尝试一切新介质新媒体，一切新的表达方式、书写方式、发布方式，同样也是人们不可剥夺的权利。权衡利弊，我相信孔子复生，不仅会熟练操作电脑，而且一定会是"微博控"，拥有庞大的粉丝群。

新介质引发史学表达改变

自从互联网传入中国，中国的历史研究和史学表达在不经意间发生了一次深刻革命，这一次的史学革命将对先前一百多年所建构的历史研究模式有个根本性颠覆。

在过去一百年，历史研究是一个逐渐专业化、圈子化的过程，历史研究越来越与社会实践、社会期待，与社会大众的关切不相关，成为历史学专业人士的自娱自乐。许多专业性的历史学刊物，其实在过去二十多年经营得比纯文学刊物还要惨淡，不说经济上的补贴和亏损，只说其读者越来越少，也不能不让人思考为什么会是这个样子。是社会不需要，还是一般民众太缺少知识，无法共鸣，无法回应？这里面有很大的检讨空间，假如历史学者愿意且能够直面事实的话。

历史研究从来都是社会进步最需要的，人们在社会生活中遇到每一点进步或变化，都会使他们自觉不自觉地回望过去，比照过去。专业的历史研究无法回应社会的急切需求，无法应对出现的许多新问题，就会被另外一种称为"草根史学"的非专业研究所替代。由此我们看到与过去一百年历史研究日趋专业化相背离的一个现象，即专业的研究越来越显得非常"不专业"，专业研究者的研究成果总是使人觉得他是在为考评为职称而奋斗，从选题到论证，大多数都与社会需求、社会现实越来越远，成为高头讲章，结果也就被束之高阁。如若不信，只要统计一下各专业刊物的发行量，就知道真实情形了。

与专业的历史研究相反，"草根史学"在过去若干年呈现出越来越专业化的倾向。而且更重要的一点是，由于这些"草根"没有名气、体制、职称等方面的束缚或企求，因而他们在选题上注意切合社会需求，注意真正的研究空白，注意大众阅读，期待吸引尽可能多的读者。对他们来说，无人喝彩就是失败，拥有粉丝、拥有读者才是成功。在研究和论证上，由于他们没有专业研究者的那些束缚，因而他们也就显得比较从容、比较踏实，比专业的更专业。他们对一些细节的追究，对一些深层原因的追问，绝非专业史学研究者所敢道、所能道。

"草根史学"的发生与繁荣当然是因为史学表达手段的更新，具体说就是互联网的普及和利用，特别是因为网络论坛和微博这种"自媒体"的出现，人人成为历史的创造者并没有实现，但人人成为历史记录者、研究者却有了现实可能性。如果我们这些深居研究院和大学校园的研究者不能正视这个现象，那么可以相信在不太远的将来，史学表达的话语权必将发生转移，草根史学家越来越多的话语表达必将逐渐颠覆正统史学观念，重构一个新的历史解释体系。

颠覆旧的正统的史学观念当然也算不上什么不幸，只是颠覆也好，重构也罢，如果没有专业史学工作者的参与，毕竟是一种缺憾。所以，专业史学工作者不仅要重视草根史学的研究成果，而且应该深度介入草根史学的工作平台，和他们一样在同一个平等的工作平台上互相对话，这样不仅有利于引导草根史学走向理性走向成熟，而且有助于及时弥补和纠正草根史学的先天缺陷和知识性错误。

在"自媒体时代"，草根史学的工作平台就是互联网上的各种论坛，在国内当前最活跃的就是微博。微博中的许多"达人"动辄拥有数万数十万甚至数百万、几千万粉丝，而这些达人要想拢住或维系住这些粉丝，也必须不断提供新的内容，历史特别是中国近现代史往往成为网络达人的首选。因为近现代史的话题，大多数微博使用者多少都会知道一点，容易吸引他们，如果要去展开一个完全陌生的话题，受众对之毫不知晓，那么就不会有任何效果。许多中国人也许对中国近现代史知之甚少，知之甚浅，但毕竟它是自己民族的历史，毕竟与现在的生活有着比较多的联系，因而中国近现代史就成了微博上一个比较热门的话题。

仅靠抽象表述，很难理解微博对讨论和转播中国近现代话题的意义，举一个今天（2012 年 11 月 12 日，星期一）的例子。今天一位拥有数十万粉丝的微博达人不知为什么发布了一张光绪帝、康有为和梁启超的合影。近代史领域稍微注意晚清史、康梁研究的专业研究者都知道这张照片是假的，因为康有为、梁启超两人毕生只分别见过光绪帝一次。之后，康梁两人流亡海外十几年，至光绪帝 1908 年去世，他们三个不仅再也没有见过面，而且康梁在光绪帝，在朝廷眼里，就是叛逆，就是谋反者。然而，由于我们的近代史教材不是这样说，更没有涉及这些问题。枯燥抽象的教科书表达留下了无数可被利用的空间，因此这类照片在网络一出现，立即就会被疯传。

类似的事例还有很多。比如钓鱼岛问题发生后，钓鱼岛的归属确实引起大家的兴趣。一张多年前就被专业人士考订为作伪的慈禧太后将钓鱼岛产权授给盛宣怀的文书在网上疯传。如果听任这样的内容传播，固然增加了爱国青年的爱国底气，但是无疑会极大伤害中国的国家信誉或国民信誉，可能导致外国人认为中国人文化太低，几乎不懂历史。

新介质改变了历史知识的生产方式。网络时代的专业历史学者应该充分关注网络，利用网络，我们已经无法离群索居，"洁身自好"。有的时候，你可以不去关注网络，但网络照样会关注你。如果各位专业研究者有心到网络上看看，就会发现许多专业研究者的作品都在网上被赞美，或者被批评。专业研究者当然有权无视这些批评的存在，但如果放平心态去看，有些批评其实说得相当有道理，值得关注。

无限扩充史料成为可能

互联网、自媒体为历史研究开辟了一个新的平台，在那里没有专家审稿，没有编辑把关，对于历史，特别是对于自己民族的历史，每一个人都有自由表达的权利。这是好事。运用得当，有助于民族素质的提升，有助于历史学的普及，历史知识的受众必将在这种方式的影响下大幅度增加，历史学一定能够改变过去二十年不断"小众化"的趋势，一定能够让历史学成为国人知识体系中一个必备要素。所以历史专业人士一定不要轻视这个领域，要放下身段，从那里不仅能够开辟一个新天地，而且能够享受历史学本有的乐趣。

当然，对于年轻一代的史学工作者来说，在对基本史料还不是那么熟悉的情况下，还是应该利用纸质媒介好好读书，一定要在基本史料上下一番苦功。在很多时候，年轻学生一定要遏制自己的上网冲动，潜心读书。在进入正式的研究工作之前，应该将未来研究工作中可能触及的基本史料翻阅一遍，建立一个大概的印象。这就是一般所说的基本功。

进入研究阶段，到了现在这个互联网和自媒体时代，历史学的研究者如果不能或不屑利用互联网、自媒体、电子版图书，对于研究者个人来说，其实是辜负了这个伟大的时代。

不论是传统的中西史学，还是后来引进的新史学，没有哪一家流派会说历史学可以空对空作无根游谈，没有哪一家史学流派不强调充分地占有史料，然后再从繁杂的、矛盾的历史记录中清理真相。在这方面许多人对傅斯年有一个误解，说傅斯年强调历史学就是史料学，历史学不再只是一个读书的问题，而是一个查书的问题，经典说法是，"上穷碧落下黄泉，动手动脚找东西"。现代的一些新史学流派，比如欧美、日本的许多学者，他们确实不必再像传统的中国历史学者那样进行系统的史料阅读，融会之后再贯通，他们确实是在确定了一个题目后，上穷碧落下黄泉，动手动脚找东西。所以我们在阅读某些欧美、日本学术著作时，往往感到这些域外学者在点或局部的研究上，对资料的把握远过于中国学者。域外学者的这个优势，就是因为他们的专注，就是他们就一个很小、很不起眼的题目，穷尽一切史料。他们并不强调对中国历史文化的融会贯通，整体理解，他们强调或炫耀的，就是专精，就是对任何一个问题探究的绝对深度。

中西学术在这个差异上说不上谁好谁坏，它们各有优长各有弊病，应该取长补短，在融会贯通的基础上，当然还是应该专精，应该最大限度地充分占有史料，全面占有史料。史料学就是历史学，从这个意义上理解当然是对的。任凭你论证的过程如何精彩，一条新出的反面史料，就可能从根本上把你的结论推翻。

在前互联网时代，穷尽史料只是人们的一种期待。那时读书勤奋的历史学家，也不过是通读过几遍二十四史，通读过《明实录》《清实录》，等等。还有大量的资料，特别是那些并没有面世的公私收藏，没有哪一个敢说穷尽了。当代史学家号称读书最多的蔡尚思，据说也只是住在南京图书馆一段时间，重点阅读，其实是浏览了集部。

现在不一样了，随着互联网的发达，随着自媒体的兴起，史学渐渐成为人们茶余饭后最愿意多聊聊的课题。无数没有功利心、功名心的网友，还有全世界的公私收藏机构和个人，甚至还有许多原本密藏珍品以增值、保值的旧书店、拍卖行，都争先恐后向网络上发布独家资料，我们今天所能拥有的史料，应该说是前人无法想象的丰富。如果我们不利用互联网，尤其是互联网的搜索技术，我们就很难说穷尽了史料，充分占有了史料。

举一个最近的例子。梁启超是近代中国最高产也最重要的思想家，他的作品基本上都收入了其去世不久后编辑出版的《饮冰室合集》和《梁启超年谱长编》中。这是研究梁启超的基本史料。但是在这些基本史料之外，肯定还有因为各种原因而遗漏的史料，甚至还有因各种特殊原因被删除的史料，这在合集、年谱中都有暗示。

然而这些史料究竟在哪里，何时能向公众或研究者公布呢？这些问题在过去不容易回答，但现在不一样了。

梁启超的弟弟梁启勋很长时间是梁启超的助理，收藏有梁启超不少书信、文稿，这些资料在编辑《饮冰室合集》和《梁启超年谱长编》时曾经使用，但因当时许多当事人还在，有些信件就没有全文收录，而是做了删节，或者干脆就没有收录。这些珍贵史料一直由梁启勋及其后人珍藏，但最近，梁启勋的后人决定放弃珍藏，交给了一家拍卖行。拍卖行也没有像过去那样秘不示人、私下出售，而是挂在网上，后来编成图书。拍卖行的目的当然不是单纯为了推动学术，他们当然有商业上的诉求。但是这一批资料对于研究梁启超及近代中国相关问题意义重大，研究者如果不能使用和善用互联网，可能就会错过这批史料，那么所谓穷尽史料，所谓"上穷碧落下黄泉，动手动脚找东西"，也就是一句空话，无法落实。

网络容易使人堕落、沉溺；没有网络，不去利用网络，也会错过很多机会，丧失许多史料。在互联网时代，我们要充分利用网络资源，充分利用电子文献，无论如何，不能再像过去那样只凭借着一点纸质文献去做学问。

工欲善其事，必先利其器。即便孔子复生，也会注意时代的转换，注意新工具。我相信这个假设。

马勇书房，保持精神与文化的流动

一、我的阅读启蒙从地震棚开始

绿茶：您的书房是怎么样一个成长过程？

马勇：我是农村出来的，父亲读过私塾，对孩子读书还是很支持的，我们小时候，如果你愿意读书，就会给你创造条件。印象中，20世纪60年代，邢台地震，我们安徽家家都搭地震棚，我和大弟一人一个地震棚，在里面读书，我的阅读启蒙差不多从那时候开始。

但那时我们能读到的东西很少，印象中只有浩然的《金光大道》《艳阳天》，还有巴金的作品。大概在20世纪70年代初期，我到新华书店买过一套鲁迅的单行本，就是人民文学出版社那套白皮本，后来我把它们装订成册了。

1986年大学毕业到北京来的时候，我带的全部资产就是十二个纸箱的书。我为什么能够在七年读书期间积累那么多书呢？因为我是带工资上学。像有一套《中华大词典》，就是我在读本科的时候买的，当时大概就三十来块钱。

刚来北京，我住在人民文学出版社对面的东四头条社科院宿舍院内，给我的是一个二十平方米的里外间，根本谈不上有书房。但我们宿舍离单位近，我的书都放在办公室。2005年搬到现在这个家之前，我的书房就是办公室。

办公室是个内外间，但因为书增长得太快，很快被我一个人占用了。那时候，我每天晚上十点多才从办公室出来回家，第二天送完孩子又去办公室。2005年之前所有的作品，都是在办公室完成的。

2005年搬到现在这个家之后，有了一个二十多平方米的书房，但实际上家里每个房间都是书，楼下还有一个地下室也是书，加起来大概有三万多册。去年退休前，又把办公室的书都搬回到家里来。

二、从读书开始，专心读了十几年

绿茶：除了做书房的办公室，你们近代史所的图书馆应该是学术研究的主阵地吧。

马勇：对。我1986年毕业，到1991年才发第一篇文章。我的老师朱维铮一再告诫我们，不要过早发文章，要多读书。所以，那些年我每天就是去图书馆借书还书，再借再还。当时做的第一个课题是梁漱溟研究，我做了很多前人没做过的材料挖掘工作。后续又做了几个近代人物研究，比如蒋梦麟，在我做之前，内地找不到一本关于蒋梦麟的书，我从香港、台湾等地方收集、挖掘了很多材料。

我是学古代思想史的，后来到近代史所工作。当时的研究环境跟现在不一样。那时候我们这些年轻人刚来，老先生不让我们写东西，也没那么大压力，就静静地读了五六年书，算上本科，专心读了十几年书。

等到后来开始写东西时，脑子里对历史有无数种自由组合，也知道材料在哪儿，随时可以调动这些资源。我写东西面比较广，得益于当年阅读比较系统，可以从古至今打通。

注：2000 年时，近代史所承担了一个编撰《中国近代通史》的课题。之前马勇发表过关于甲午战争、戊戌变法的文章，所长就让他负责从《马关条约》到《辛丑条约》这一个时间段的写作。2013 年，由近代史所中青年学者编纂的十卷本《中国近代通史》出版。

三、我自己真正想写的是"经学史"和"儒学史"

绿茶：在书房和图书馆这两者之间，您是如何取舍的，哪些书要收在家中，哪些去图书馆阅读？

马勇：我的书基本是一个流动状态，我正在做的题目，要用的书，都在我的书房，暂时不用的就搬到地下室去。需要参考和补充其他资料，基本是去图书馆，但很多时候，做研究需要借助更多的地方。比如我当时做蒋梦麟的研究，内地各图书馆都找遍

271

了也没找到什么材料，就需要去台湾、香港等地研究机构的图书馆。而我的书房本身，我保持它是流动的状态，随着自己的研究变化而变化。我的书房是用的书房，而不是藏的书房，到现在为止，没有一本书是为藏而买的。

造成我书多的原因是，我原来做古代史，所以积累大量的古代史方面的书，大学毕业后做近代史，又大量购买近代史方面的书。加之三十多年来，我的书都跟着题目走，为不同的题目又增加了不同的书。

比如，刘大年找我合作做抗战时期的中国思想文化，因此就增加了大量抗战史的书。后来做严复的研究，关于严复的书我基本上都收齐了，还去沈阳看严复的资料、手稿等。之后又做章太炎的研究，用三年的时间读章太炎的资料，《章太炎全集》最后就是我参与一起合拢的。

还有由社科院常务副院长汝信牵头的"世界文明研究"，这项研究也一直在进行，我参与其中"中国文明的研究"，今年已经是第三期了。围绕这个主题，又扩充出很多书。这些年来的课题经费，基本上都换成书了。

到目前为止，我自主性的研究比较少，只有梁漱溟算是我自选的，还有几本论文集。而我自己真正想写的是"经学史"和"儒学史"。20世纪90年代初，庞朴主持"中国儒学"项目时，曾约我参与，第一卷《儒学简史》就是我写的。

四、书失去了主人的守护，就很可怜

绿茶：这么多研究项目，如此高速的图书增长，您的书房如何容纳得下，有什么好的书房优化手段吗？

马勇：我会随着项目的变化，处理一些书，主要散给像孔夫子、布衣书局这样的二手书店。不散书，家里可容纳不了。淘汰书很不忍，人都有占有书的欲望，但没有办法。别人送的书，我是不敢往外散的，这类书还不少，我通常放在书房最高处，免得不小心散出去，那就很尴尬了。

有一次，我在一个流动书摊看到自己送给一位老先生的书，可能是老先生过世后，家里人处理出来的。人的眼睛在这时候特别敏锐，一眼就看到自己的书了。

绿茶：这就涉及书房的未来。每个人都会面临这个问题，积累了一辈子的书，人不在之后，书房里的书就像孤儿一样，不知如何托身。

马勇：是啊，这是一个麻烦的问题。这些书对我们来讲是宝贝，但对后人或图书馆来讲反而是个累赘。像我们单位图书馆，有老先生要捐书，图书馆要查重，重复的不收。将来怎么来处理学者的书，真是一个不小的问题。

我的书如果捐给一个新成立的大学历史系，应该是很有价值的。人再长寿，生命也只是一个过程，而过世之后，那些曾被我们珍视的书，就永远失去了主人的守护，就很可怜。

绿茶：您有自己的找书路径吗？这么多书平时能找到吗？

马勇：经常找不到。昨天还在找一本丁韪良的书，我百分百知道我有，就死活找不到。我的书房已经是分类很清晰的，就算有些书架是里外两层，我放书大致也有规律的，里面一层多半是平时用得少的全集、套书一类。

碰到找不到书的情况，我一般上网下载电子版先用，也许过不了多久，找不到的书又自动出现了。很多大型的书我一般保留电子版，比如《清实录》、国家清史档案丛刊。还有如大象出版社虞和平主编的"近代史所藏清代名人稿本抄本"，全套三十多万，我买个电子版才一百元。再比如《徐世昌日记》，定价两万多，我当时特别想要。后来有个学生说帮我复印。一本日记印下来才一百块钱，全部下来才几百块钱。

20世纪90年代，有一次在台湾"中研院"访学，我每天主要的事情就是把自己想用的材料，送到外面一个复印的地方印回来。蒋梦麟的资料，我原来都是在香港、台湾等地复印回来的。

五、会读书目是做学问的第一要诀

绿茶：我看您书架上有很多目录学方面的书，这也是您学术研究的一部分吗？

马勇：我很同意历史学家陈垣的一个观点，他说："人的学问到最后是一个书目。"他通读了《四库全书》，人怎么可能通读完《四库全书》呢？他其实是在读书目。我的太老师蔡尚思，一个假期读完了江南图书馆，其实他也是在读书目，后来，当然写了很多关于目录的书。

会读书目是做学问的第一要诀，你要通过大量地阅读书目和索引，慢慢梳理出自己的学问路径，知道哪些书在哪里可以找到。

老一代学人非常重视收集和阅读书目。

《四库全书总目提要》我在上大学时反复读，这种书读下来，会在心里形成一个学术的版图。这个是受张之洞的影响，他的《书目答问》就是一本非常重要的举要性书目。做学问，就是要从这儿进入。

现在有了互联网之后，大家似乎对书目、索引类的书不注意了，认为网上都有。但我遇到这类书，依然都买。因为互联网的检索系统和我们以前读书目在大脑里形成的检索系统，那感觉是完全不一样的。自己脑子里的学问地图和可以电脑检索的学问地图，还是有自己的检索系统踏实。

另外，史料书、年谱长编一类的书，我都是遇到就买，尽管有些暂时不做，我也会收集起来，非买不可。

还有日记，我是见一本买一本。日记只有读得多了，才能察觉有什么故事，单独读一本日记是没意思的，只有在不同记录的佐证下，日记的价值才越发呈现出来，可以从中考证一些史料的真实性。

比如《胡适日记》，写得当然是很真实，但是胡适有好多东西不写，于是需要借助别的日记来看到他不写的那些东西。比如，胡适与曹诚英的故事，他自己日记里没记，但我们通过别人的日记，慢慢就可以勾勒出来了。这些就是日记对于学术研究的独特功用。

绿茶：说到日记，去年有一本《郑天挺西南联大日记》，出版后受到学界和文化界一致好评，这本日记应该很对您胃口吧。

马勇：这本日记很重要。我多年研究蒋梦麟，郑天挺是蒋的学生，这本日记中有很多我以前没看到过的关于蒋梦麟的史料，价值很高，我还决定重新写一篇关于蒋梦麟的文章。你要是熟悉这里面的人际关系，再看这套日记，会有很多意想不到的收获。

绿茶：历史研究中，还有一类史料是报刊，您在学术实践中会采用到报刊资料吗？

马勇：真正有报纸是从1895年开始的，到1949年，这五十多年的历史可以用报纸研究。但是，我们首先要对民国时期的报纸有所了解，知道他们各自的政治立场和取舍的判断。

比如，同样关于革命，于右任办的《民立报》《民呼日报》等，立场肯定是革命是正义的、正当的。再看实业家张謇办的《星报》《通报》，以及他担任大股东的《申报》等，就不是很主张用革命的手段解决问题。

这些背后的立场就是研究的关键，只有通过大量的阅读和参考，才能客观看待那段时期的历史，历史研究的温情，就是从这些细节中一点点呈现出来的。

六、历史研究拼到最后是史料解读的能力

绿茶：不久前读到一本北大尚小明教授的《宋案重审》，对史料的运用真是炉火纯青，这种方法是历史研究的主流吗？

马勇：尚小明教授是完全按照学术的路径在做宋案研究，他是史料派。他这个研究，有之前吴晗的底子。1949年前，吴晗一直注意收集宋案的资料，后来吴晗把这些资料都交给北大历史系了，这些材料在北大历史系多少年来一直没人去研究。

在此之后，凡是遇到宋案资料，他也全部收集起来，就形成

了现在的规模。尚小明做得很刻苦。民国历史走这条路是正路。

近现代历史研究，史料研究是最重要的。但是，古代史研究就不一定是拼史料了。

比如陈寅恪，他不刻意追求占有新材料，利用的是正史等常见史料。他做隋唐史没有一条史料是新的，但他能解读出新东西来。余英时也是，他研究戴震，从来不看那些所谓稀见史料，就在公共史料基础上解读出新意。再后来台湾的王汎森，也差不多是这个方法。罗志田教授也是，他不读奇稀史料，只读大家都读的公共史料。罗志田的研究路径是出新，同样的史料，他能解读出新意，他的解读能力很厉害。

像北大的田余庆教授这一代学者，利用大家都知道的材料，能研究出你完全想不到的结论，这就是史料解读的研究能力。北大中古史为什么牛气，就在于他们有很强的史料解读能力，这方面的传统来自陈寅恪。虽然陈寅恪出自清华，但院系调整后，清华历史系并入北大，陈寅恪的几位重要学生如周一良、王永兴等都是北大历史系教授。

茅海建、沈志华、杨天石他们几位又是一路，他们主要看档案，阅读档案是必要的研究路径。

绿茶：最后，想再跟您请教一个问题。作为普通历史爱好者，我们应该从什么路径进入历史阅读，您认为非读不可的书有哪些？

马勇：对于普通历史爱好者，建议先读外国学者那些有大格局的通史作品。中国学者呢，要读点的研究。西方哪怕是一流学者，像史景迁这样的，史料解读能力都不行，中国学者在点的研究方面比外国学者强。但是外国汉学家的宏大叙事能力、全球视野以及文笔，是中国学者需要学习的。

我比较推荐这些年出版的外国人写的中国通史，如《剑桥中国史》《哈佛中国史》以及日本讲谈社的《中国的历史》等等。这三种如果能阅读得比较明白，也就可以比较好地构建出大历史格局。读历史，还是应该从通史角度切入，从远古通下来，不要一上来就钻入点的阅读。